SIGMUND FREUD

TRES ENSAYOS SOBRE LA TEORÍA SEXUAL

•FONTANA•

SIGMUND FREUD

TRES ENSAYOS SOBRE LA TEORÍA SEXUAL

TRADUCCIÓN:

J. L. SADA

PRÓLOGO Y PRESENTACIÓN:

FRANCESC LL. CARDONA

Doctor en Historia y Catedrático

TRES ENSAYOS SOBRE LA TEORÍA SEXUAL,
Sigmund Freud

Prólogo / Presentación: Francesc Lluis Cardona
Traducción: J. L. Sada
Diseño gráfico / Ilustración portada: Daniel Jurado

Edita: Olmak Trade S.L.
C/ Roca Plana 1
08110 - Montcada i Reixac
Barcelona (España)

www.olmaktrade.com
info@olmaktrade.com

@O_BookTrade
#ClásicosFontana

Impreso en España / Printed in Spain

I.S.B.N: 978-84-10109-60-5
Depósito Legal: B 10089-2024

Sigmund Freud: El hombre y su mundo

Nacimiento, infancia y adolescencia

Sigmund Freud vino al mundo en Freiberg, región de Moravia, cuando ésta pertenecía al Imperio austrohúngaro, el 6 de mayo de 1856, de padres judíos.*

A la edad de ocho años, su carácter poco común estaba ya casi formado, y, lo mismo que sus rasgos, presenta pocos cambios en su vida futura.

Las experiencias e impresiones de la infancia permanecieron fijas, tanto en su carácter como en su rostro.

Por aquel entonces, Freud comenzaba a dar muestras de su férrea voluntad, de su temperamento antisocial y de su

---

* Su padre Jakob era comerciante en lanas. La madre de Freud, Amalia, era la tercera mujer de su padre. Con la primera, Sally, había tenido dos hijos. Con Rebecca, la segunda, muerta prematuramente, no tuvo ninguno. Cuando nace Sigmund, el padre tiene cuarenta y un años y la madre veintiuno. Sigmund tuvo otro hermano, pero falleció de pocos meses. Después vino una hermana, Anna. Sigmund significativamente pondría ese nombre a una de sus hijas. En definitiva, su padre en tres matrimonios (en realidad, en dos) tendría diez hijos. ¡Jakob se llevaba con Amalia veinte años! La madre de Sigmund tenía apenas un año de diferencia con su medio hermano Philipp, el mayor Emmanuel está casado y es padre de dos niños, uno de ellos un año mayor que Sigmund, ¡su tío! El embrollo está servido. En el fondo, ¿quién es el padre de quien? Freud siempre vio a su madre “bella y de fina silueta”.

misantropía. Pronto comenzó a desconfiar de las personas que le rodeaban y a forjarse la idea de que sólo podía apoyarse en sí mismo y en su propio esfuerzo. Este primer carácter de sus primeros años quedó tan grabado en su ánimo que más tarde escribirá: «Ningún ser humano es capaz de desligarse de las imágenes vividas en su infancia.»

Poco tiempo después, los padres de Freud tuvieron que trasladarse a Viena, en busca de mayor fortuna, ya que en su pueblo natal era muy difícil salir de la penuria en que vivían y el negocio de su padre, había caído en bancarrota.

La ciudad de los valses y de la brillante corte del emperador Francisco José I (1848 - 1916) les deslumbró; pero tampoco allí prosperaron mucho a causa principalmente de su filiación judía.

En la escuela, Freud se sintió humillado igual que los demás compañeros de estudios judíos; esto le tornó aún más huraño y con unas ansias extraordinarias de desquitarse intentando enseñar a la humanidad que había logrado colocarse por encima de ella.

Su egolatría y sus ansias de poder sobre el espíritu de su prójimo no tuvieron límites.

La familia de Freud era pobre. El y su hermano tenían que dormir en la habitación de sus padres. Cierto día oyó comentar a su progenitor sobre su timidez en los siguientes términos: «Este muchacho nunca llegará a ser nada.» Esto debió representar una terrible herida para su ambición, pues alusiones a esta frase se repiten continuamente a lo largo de las obras freudianas, como si el hijo quisiera contestar a su padre: «Ves cómo he llegado a ser alguien?»

Su afán de saber

Entre sus diez y doce años, su padre le relató un incidente que actuó como acicate para sus ansias de figurar en aquella sociedad que le despreciaba. Parece ser que cierto domingo el padre de Freud caminaba por la calle con el mejor traje que tenía y con un nuevo sombrero de piel en la cabeza. Alguien se le acercó, le quitó el sombrero, lo arrojó al barro y le obligó a bajar de la acera con las palabras: «¡Fuera, judío!»

El muchacho, ansiosamente, le preguntó a su padre qué había sucedido a continuación, a lo que el padre le replicó sin inmutarse: «Bajé de la acera y recogí el sombrero.»

Freud nos dirá años más tarde: «Esto no me pareció muy heroico por parte de un hombre tan fuerte como él. Contrasta esta situación con otra que me gusta más: la escena en que el padre de Aníbal, Amílcar Barca, le hace jurar delante del altar doméstico que tomará venganza contra los romanos. Mi padre no me hizo hacer lo mismo que el general cartaginés, pero yo me he aplicado a esa tarea sin haber obtenido su aprobación. Desde entonces, Aníbal siempre ha ocupado un lugar importante en mis fantasías, digno de ser imitado.»*

«En mis años juveniles, lo mismo que más tarde, no sentí nunca mucha afición a la carrera y actividad de médico», confiesa Freud en la historia de su vida, con esa franqueza que tanto le caracterizaba. Pero a esta confesión se juntan estas palabras aclaratorias: «Me sentí impulsado

* Al parecer lo que pretendía Freud es corregir el fracaso de Aníbal y entrar en Roma victorioso instalándose en ella. Roma representa la Tierra Madre y entrar en ella es conquistar a su madre (teoría del incesto).

más bien por una especie de afán de saber, tendiendo más a las relaciones humanas que a los objetos naturales.»

Estudios en la universidad de Viena

Sin embargo, a esta inclinación íntima de Freud no corresponde ninguna Facultad universitaria. La carrera de medicina de la Universidad vienesa no poseía ninguna especialidad dedicada a las Relaciones Humanas del Espíritu.

Freud se vio obligado a matricularse en aquella universidad, y a seguir pacientemente con los otros condiscípulos los doce semestres prescritos, mientras alternaba sus estudios dando clase particulares para poder costearse sus estudios superiores.

Siendo aún estudiante, Freud se ocupa ya seriamente en investigaciones independientes: los deberes universitarios no los llena, por el contrario, como sinceramente confiesa, «con bastante negligencia» y así resulta que no es promovido a doctor en medicina hasta 1881, a los veinticinco años de edad, «con bastante retraso», para aquel entonces. Esto es una prueba de su temperamento. Le gustaba el estudio, pero los temas que él quería; no deseaba estar sujeto a rígidos programas ni libros de texto; él deseaba investigar por su cuenta lo que más le apasionaba. La carrera la cursaba porque no tenía otro remedio, pues de esta forma podía avalar sus descubrimientos.*

* Sus primeros trabajos fueron unas investigaciones sobre la sexualidad de las anguilas. Una publicación sobre el sistema nervioso central de una larva de lamprea y la traducción de algunos textos de Stuart Mill.

De todas las especialidades que la medicina le ofrece en aquel momento la que más se acerca a sus aspiraciones es la Psiquiatría, y se ocupa en estudiar profundamente la anatomía del cerebro humano, ya que entonces no se hablaba todavía de la Psicología del individuo particularmente considerado. A Freud le estaba destinado crear esta nueva especialidad médica.*

Se creía en aquella época que todas las enfermedades neuróticas eran producto de lesiones más o menos graves en los centros nerviosos.

Los médicos se afanaban, a partir de innumerables experimentos realizados en diversos animales, en encontrar los métodos más adecuados de curación para el ser humano. Por eso el gabinete de Psicología se encuentra en esta época situado en el laboratorio de Fisiología, donde se cree llevar a cabo decisivas experiencias con ayuda del escapelo, la lanceta, el microscopio y los aparatos de reacción eléctricos para medir las oscilaciones y reacciones de los nervios.

Freud aunque le pese debe empezar sentándose a la mesa de disección y valiéndose de toda clase de instrumentos técnicos, investigar aquellas causas que en realidad nunca se manifiestan en forma material, como se cree en aquel momento, de forma perceptible a la vista.

Durante varios años, Freud trabaja en el laboratorio con Brucke y Meynert, famosos anatomistas del momento. Ambos no tardan en reconocer en su joven ayudante el don innato de la investigación creadora e independiente y

---

* Según propia confesión, sería el negial escritor alemán Goethe el que le señalaría el camino a seguir de la medicina.

ambos tratan de atraerle a su respectiva especialidad para contar con un colaborador permanente.

El doctor Meynert le propone como auxiliar de su cátedra en la Universidad vienesa deseando que imparta un curso de anatomía cerebral.

Freud, presintiendo que pronto va a obtener el premio por sus trabajos, declina el honroso ofrecimiento y poco después, tal como había previsto, es nombrado profesor de Neurología de la misma Universidad vienesa.

En aquella época la cátedra de Neurología equivale para un joven de veintinueve años, desprovisto de fortuna, labrarse y asegurarse el porvenir a la vez que obtener un título honrosísimo y un valioso puesto en la sociedad. Pero entonces se revela en Freud la tozudez de carácter, tendente a conseguir lo que se propone, cualidad que no le abandonó nunca.

Freud no se limitó a tratar a los enfermos año tras año, según los métodos de rigor aprendidos y tenidos hasta entonces como poco menos que inamovibles, sino que cuidó a los pacientes según sus propias experiencias aun a riesgo de provocar la cólera entre todos sus colegas.*

Freud reconoce abiertamente lo que los demás neurólogos por temor disimulan a los demás y a menudo a sí mismos, o sea, que toda la técnica empleada hasta entonces en la terapéutica de los fenómenos psicológicos, tal como se entiende en 1885, es completamente ineficaz y no sirve para nada práctico. Pero cómo aplicar otra, cuan-

* Una de esas experiencias es la de la *cocaína* con la que pretende curar la adicción a la morfina de un paciente. Publicó un artículo sobre las excelencias de esa droga y él mismo la experimentó durante diez años.

do en Viena no se enseña sino ésta. Si alguien lo intentara atraería sobre él la animadversión de toda la Facultad de Medicina en pleno y la expulsion fulminante del osado que se atreviera a semejante herejía.

Lo que los sesudos académicos de medicina de Viena saben hace tiempo es que Freud domina del todo la observación clínica escrupulosa y la anatomía hasta el último dato posible tras los experimentos de disección correspondientes sin olvidar su conciencia estricta del trabajo y el no desanimarse ante los contratiempos.

Su estancia en París

Entonces Freud, dándose cuenta una vez más de que «nadie es profeta en su tierra», vuelve los ojos hacia París al enterarse de que allí se estudia la Psiquiatría con un método enteramente distinto de los admitidos en Austria hasta entonces.

En 1886 Sigmund Freud pide permiso a sus superiores y marcha a la ciudad de la luz :para ampliar sus estudios.

Una vez en París, Freud se presenta inmediatamente con cartas de recomendación al mejor neurólogo de la época en la capital francesa, el sabio Charcot. A los pocos días de comenzar a trabajar con el gran maestro, Freud se da cuenta de que ha penetrado en un mundo nuevo.

Charcot, igual que Brucke, el maestro vienés de Freud, ha partido para sus resultados experimentales de la anatomía patológica, pero Charcot ha llegado más lejos que Brucke.

La publicación de Charcot, *La foi que guerit*, alcanzó un gran éxito.

El médico francés ha estudiado a fondo las condiciones psicológicas del paciente, rechazadas despectivamente por la altivez científica de la medicina académica.

Charcot, en vez de negar los hechos, los ha interpretado y ha dado gran importancia al fenómeno histérico.*

Por primera vez encuentra Freud a un sabio que, al revés de su escuela de Viena, no rechaza de antemano y despectivamente la histeria como si se tratara de una simulación, «de hacer comedia», como vulgarmente se dice, sino que examina esta enfermedad del alma, la más palpable de todas y, por tanto, la más interesante.

Charcot afirma que las crisis y accesos de histeria son la consecuencia de trastornos internos y que sus causas deben de ser de origen psíquico.

Sin embargo, aún hay más: valiéndose del hipnotismo, prohibido en Viena por creerlo poco menos que arte demoniaco, Charcot demuestra sobre pacientes histéricos que estas parálisis típicas pueden ser provocadas o suprimidas por la sugestión y por consiguiente no constituyen simples reflejos involuntarios, sino que se hallan sometidas a la plena conciencia del individuo afectado.

Aunque muchos de los detalles de las teorías de su nuevo maestro no acaban de convencer a Freud, éste se siente atraído por el hecho de que en París la Neurología reconoce y tiene en cuenta no tan sólo las causas físicas del individuo, sino también las psíquicas y metafísicas. Se da

---

* Jean Martin Charcot (1825 - 1893). Neurólogo francés. Destacó en anatomía y patología y en 1862 fue nombrado director de la Salpêtriêre. Buscó la diferencia entre la epilepsia y la histeria. utilizó el hipnotismo para su diagnósis y curación. Dio gran importancia a la herencia.

cuenta con alegría de que en París la Psicolgía se acerca de nuevo a la olvidada ciencia del alma y se consagra a estudiar a fondo este sistema.

Como aconteciera con sus profesores de Viena, en seguida Charcot reconoce de que en Freud hay un temperamento creador y le atrae a su esfera íntima, distinguiéndole como su discípulo predilecto. Le encarga la traducción de sus obras al alemán y le nombra auxiliar íntimo en sus experiencias.

Poco tiempo después, Sigmund Freud tiene que regresar a Viena, finalizando el período de ampliación de estudios.

Al regresar a su patria, Freud se da cuenta de que su concepción íntima del mundo ha cambiado por completo. El camino de Charcot aún no es exactamente lo que él intuye, si bien le ha señalado la ruta que desde ahora debe seguir; pero Charcot se ocupa todavía demasiado de la experiencia física y demasiado poco en lo que ésta revela en la esfera del alma. Es Freud el que se propone ahora seguir más allá en el proceloso campo de estas investigaciones.

Ya en la Universidad de Viena, Freud tiene que cumplir como todo pensionado una pequeña formalidad: presentar un informe de las experiencias científicas adquiridas en el extranjero.

Freud no se amilana y eleva su informe a la Academia de Medicina del país. En él expone los nuevos métodos de Charcot y describe meticulosamente los experimentos hipnóticos de aquel doctor. Un murmullo de desaprobación suena en la tribuna donde se halla el tribunal, sobre todo al escuchar la defensa que Freud hace del método hipnótico. Al terminar la comunicación, el tribunal acoge con una sonrisa de desdén sus últimas palabras:

«En resumidas cuentas, señores, es posible provocar artificialmente los síntomas de la histeria, existiendo incluso casos de histeria masculina.»

Cuando el tribunal dicta la calificación de aquel trabajo, su sentencia es inapelable. Freud es expulsado de la sociedad médica vienesa por creer semejantes patrañas.

A partir de entonces, Freud se ha convertido en la oveja negra de la Universidad de Viena; nunca más pisó los umbrales del recinto de aquella sociedad de médicos que tan mal se portaron con él y sólo gracias a la protección de una enferma influyente, como él mismo confiesa, logró obtener al cabo de varios años el título de profesor extraordinario, pero nunca el acceso a una cátedra en propiedad..., aunque en el fondo poco le importaba para su ansias de libertad y rebeldía.

Sin amilanarse, Freud se declara sistemáticamente contrario al método mecánico empleado por la neurología vienesa, que se esforzaba en curar todas las enfermedades psíquicas partiendo de las excitaciones cutáneas exteriores o por la acción de medicamentos calmantes.

Poco le importa haber perdido su primera clientela particular; desde entonces se consagrará enteramente a la lucha por encontrar un método distinto por completo al hasta entonces usado, pero a la vez un método que sea realmente eficaz.

Entonces reanudará su amistad con Joseph Breuer*, un médico que le había sido presentado en el despacho laboratorio de Brucke antes de que Freud partiera hacia París.

---

* Joseph Breuer (1842 - 1925), psiquiatra y psicólogo austríaco. Con Freud publicó *Estudios sobre la histeria*. Importancia de la *catarsis* (actualización emocional de los elementos escondidos). Sobresalió como fisiólogo.

Freud recordará que Breuer por aquel entonces le había contado un caso de histerismo en una muchacha que Breuer había logrado curar de una manera inesperada. La paciente presentaba todos los síntomas de esta enfermedad, la más aparatosa de todas las nerviosas: parálisis, convulsiones, inhibiciones y oscurecimiento de la conciencia.

Breuer observó que esta muchacha se sentía mejorada cada vez que ella podía hablarle largamente de sí misma. El doctor dejaba, pues, que la enferma diera rienda suelta a su desbordante y desviada fantasía. En medio de aquellas confesiones incoherentes, Breuer se dio cuenta de que la muchacha pasaba intencionadamente por alto lo esencial, lo que era causa principal de su histerismo, y que la muchacha reprimía para que nadie lo intentara saber ni siquiera ella misma. Entonces a Breuer se le ocurrió hipnotizar a la muchacha aun a costa de la prohibición que pesaba en aquellos momentos sobre el hipnotismo en la ciudad vienesa. Creía, sin embargo, que era el único medio de que la paciente, libre de trabas, expresara sin rodeos lo que tan obstinadamente ocultaba al médico y sobre todo a ella misma.

Y así sucedió, en efecto. En estado hipnótico la muchacha confesó que en la cabecera del lecho de su padre enfermo había sentido y debido reprimir ciertos deseos. Estos deseos reprimidos por decoro habían sido sustituidos al exterior por los síntomas enfermizos que la muchacha presentaba y que desaparecían en aquel estado bajo los efectos de la hipnosis.

Breuer desde entonces fue enseñando a la muchacha las causas de su histeria y lo absurdo de sus represiones. Poco a poco fue echando mano cada vez menos de sus procedimientos hipnóticos, hasta que la muchacha se dio cuenta en estado normal del porqué había estado enferma. La paciente estaba totalmente curada.

Freud comenzó a trabajar íntimamente asociado con Breuer, al darse cuenta de que aquella experiencia, que ahora había recordado, confirmaba bajo una nueva perspectiva de las experiencias traídas de París. Ambos colaboradores se afanaron desde entonces a seguir por el misterioso campo descubierto. Fruto de estos trabajos son las publicaciones Sobre el mecanismo psíquico de los fenómenos histéricos y Estudios sobre el histerismo.

Por vez primera se pregona a los cuatro vientos que el histerismo no es debido, como hasta entonces se creía, a una enfermedad orgánica, sino a un trastorno provocado por un conflicto interior, del que el propio enfermo no se da cuenta, y que bajo la presión ejercida por el conflicto se originan aquellos síntomas, aquellas desviaciones morbosas.

Los trastornos psíquicos son engendrados por una represión de los sentimientos, del mismo modo que la fiebre exterior que presenta el individuo es debida a una inflamación interna.

Así como la fiebre desaparece tan pronto como la inflamación expulsa al exterior todo el pus, así también cesan las violentas manifestaciones de la histeria tan pronto como se logra liberar el sentimiento reprimido y encauzar de nuevo al paciente por caminos completamente normales.

Durante la primera época, Breuer y Freud recurren a la hipnosis como auxiliar, del mismo modo que la anestesia es el auxiliar de toda operación quirúrgica. Sólo en estado hipnótico, el enfermo es capaz de manifestar su interior, de liberar lo que tenía reprimido en su conciencia y que tanto callaba. Este método es como una purificación de las impurezas que atenazaban al individuo; por eso Breues y Freud lo bautizan con el nombre de *Katarsis*, del giego «*purificar*». Conocerse a sí mismo como quería Sócrates. Manifestarse, equivale a descarar la sensibilidad, liberarse de todo tipo de trabas psíquicas y sociales...

En resumen, Breuer y Freud acaban de inventar en el aspecto médico lo que hace años ya estaba instituido: «La confesión de los católicos.»

Breuer y Freud habían llegado por fina resultados importantes, incluso decisivos. Pero en este momento su camino se bifurca.

Breuer el médico, temiendo los caminos tan peligrosos que hay que abordar si se quiere internar uno por los dominios del espíritu, da marcha atrás retornando a su medicina; lo que le interesa, sobre todo, es el medio de curar la histeria, de suprimir los síntomas.

Se define su verdadera vocación: la Psicología

Freud, en cambio, que acaba de descubrir en sí mismo al psicólogo, se siente esencialmente fascinado por el fenómeno psíquico, por el misterio, ya entreabierto, del proceso de transformación de los sentimientos. El descubrimiento de que éstos pueden ser reprimidos y substituidos por síntomas, despierta cada vez más su curiosidad; presiente que todo el problema del mecanismo psíquico está ahí. Porque si los sentimientos pueden ser reprimidos, ¿quién los reprime? Y ante todo, ¿dónde son reprimidos? ¿En virtud de qué leyes las energías psíquicas se transforman en físicas y en qué zona se efectúan estas incesantes transformaciones de las cuales nada sabe el hombre consciente y que, sin embargo, logra reconocer en cuanto se le esfuerza a ello?

Una región incógnita, en la que hasta entonces la ciencia no había osado penetrar, empieza a dibujarse entre las sombras, y Freud divisa en la lejanía los nebulosos contornos de un mundo nuevo: *el inconsciente*. Y a partir de aquel momento se consagrará apasionadamente al estudio de la zona inconsciente de la vida del alma*. El análisis de lo desconocido ha comenzado.

Nuevo sentido de lo inconsciente

Resulta hoy algo difícil exponer la manera cómo el mundo científico de 1900 entendía la noción del inconsciente.

Los colegas de Freud, contemporáneos suyos, sabían que el espíritu no se agota por la actividad consciente de la razón; se daban cuenta que tras ella hay otra potencia que obra entre los bastidores de nuestra vida y de nuestro

---

* En este prólogo, el concepto alma (del griego *psije*) lo utilizamos como la parte consciente, pensante o mente humana separada del cuerpo material, sin ahondar de si aquélla es inmortal o no cuando sobreviene la muerte física por no ser éste nuestro cometido.

Joseph Breuer sería, en realidad, el primero que aplicó el método del psicoanálisis a una muchacha afectada de histeria. Breuer reprocharía a Freud su pansexualismo. La ruptura de su amistad se produciría según Freud porque él aventajaría a su maestro. También porque Freud ya con la fama a cuestas quiso devolver el dinero que aquel le había prestado durante la época de penuria y Breuer se negó a aceptarlo. Freud se sintió humillado por este desprecio.

pensamiento. Sin embargo, la ciencia médica psicológica de aquel momento se quedaba ahí, no profundizaba en las causas o los orígenes de esas fuerzas ocultas de la razón. No había intentado nunca transportar realmente la noción de lo inconsciente a la esfera de la ciencia y la experimentación.

De esta forma, la Psicología de aquella época no se ocupaba en los fenómenos psíquicos, sino en el grado en que penetran en el círculo iluminado por la conciencia. Para ella resultaba absurdo pretender decir que lo inconsciente influía directamente en la conciencia. El sentimiento no era considerado como tal, sino cuando se manifiesta activamente; pero mientras las manifestaciones psíquicas no se elevaban por encima de la superficie de la vida consciente, la Psicología entonces decía que no había que tenerlas para nada en cuenta.

Freud es el primero en dar importancia al concepto de inconsciente, dándole un sentido nuevo. Para él lo consciente no es el único acto plenamente psíquico, ni lo inconsciente una categoría subordinada a éste o despreciable; por el contrario, afirma firmemente:

«Todos los acto psíquicos son, al comienzo, productos del inconsciente: aquellos de que tenemos conciencia no constituyen una especie distinta ni superior, sino que su ingreso en la zona de la conciencia se debe a una acción externa, al modo como la luz se proyecta sobre un objeto. Ya permanezca invisible en una sala oscura o una lámpara eléctrica la haga perceptible a la mirada, una mesa es siempre una mesa. La luz hace materialmente más sensible su existencia, pero no determina su presencia. Cierto es que en este estado de mayor visibilidad se la puede medir más exactamente que en la oscuridad, aunque incluso en las tinieblas por un método distinto -palpando y tanteando- hubiese sido posible tantear su grandeza o establecer y limitar su naturaleza. Pero lógicamente, la mesa invisible en la negrura pertenece al mundo físico tan exactamente como la mesa visible, y de igual modo en la esfera de la Psicología, lo inconsciente forma parte del alma tan exactamente como lo consciente.

Por tanto, en Freud, por primera vez inconsciente no significa ya incognoscible, sino algo que hay que interpretar y conocer. Los fenómenos psíquicos no solamente deben de ser examinados en su parte exterior, sino también en su fondo íntimo y sondear bajo la superficie del inconsciente con nueva atención y con un verdadero instrumento científico-metodológico.

De esta manera la psicología se transforma en una verdadera ciencia del alma, una ciencia vital capaz de poder ser llevada a la práctica y de poder introducir principios curativos donde fuere necesario.

La ciencia del alma

La obra nueva y genial de Freud es esta reforma fundamental del campo psicológico, este ensanchamiento formidable del radio de acción del alma.

Por primera vez la esfera anímica se muestra en profundidad para poder ser estudiada y comprendida. Hasta Freud, el inconsciente era simplemente un deposito oscuro y estancado del alma, donde se enterraban todos los recuerdos inutilizados; un almacén en que lo olvidado y desaprovechado transcurre sin otro objetivo del que la memoria extrae de tarde en tarde un objeto o un recuerdo cualquiera para exponerlo a la luz de la conciencia.

Para los doctores anteriores a Freud y contemporáneos, el mundo inconsciente en sí es enteramente inactivo, absolutamente pasivo; representa una vida ya vivida y muerta, un pasado enterrado y, por tanto, sin ninguna influencia, sin fuerza alguna sobre nuestro presente.

A estas creencias erróneas, Freud opone las suyas, fruto de sus experiencias. El inconsciente no es en modo alguno un residuo de la vida psíquica, sino por el contrario, su materia primordial, e la que sólo una pequeña parte alcanza la superficie iluminada de la conciencia. Pero la parte principal es la que yace en segundo término y que llamamos «inconsciente». Esta no está en modo alguno muerta o privada de dinamismo. En realidad está viva, actuando sobre nuestro pensamiento y nuestra sensibilidad, y es quizá la parte que juega un papel más decisivo de nuestra existencia anímica.

La persona que en alguna decisión prescinde de la voluntad inconsciente cae en un error que le puede costar caro, por cuanto excluye del cálculo el elemento principal de nuestras tensiones internas. Freud pone aquí el ejemplo plástico del iceberg y dice:

«Del mismo modo que nos equivocaríamos al evaluar la potencia de un iceberg si sólo tuviéramos en cuenta la porción que emerge del agua -su verdadero volumen se halla oculto en la superficie-, así se engañaría también quien creyera que nuestras ideas claras y nuestras energías conscientes determinan por sí solas nuestros conocimientos, nuestros sentimientos y acciones.»

Así, pues, nuestra vida no se desenvuelve libremente en la esfera de lo racional, sino que cede a la incesante presión de lo inconsciente, y cada instante de nuestra activa jornada se halla sumergido por las olas de un pasado olvidado sólo en apariencia.

Y continúa Freud:

«Nuestro mundo superior no pertenece íntegramente a la voluntad consciente y a la razón lógica en la medida que orgullosamente suponemos: pues de las tinieblas del inconsciente parten a modo de relámpagos las decisiones esenciales, y en los abismos de aquel mundo de los instintos es donde se preparan los cataclismos que de repente trastornan nuestro destino. Es allí donde se albergan, apretándose unos contra otros, todos esos sentimientos que en la esfera consciente están prácticamente registrados dentro de las categorías de tiempo y espacio.»

Freud pasa entonces revista a la infancia del individuo, trasladándola al presente y afirma:

«Los deseos de una infancia olvidada, que se suponía enterrada para siempre, se agitan allí impacientes y a veces invaden nuestra vida actual. Una de las manifestaciones más palpables de estos deseos son los síntomas de terror o de angustia que atacan los nervios y salen a la superficie aflorando en forma de alaridos.»

Freud afirma que en el inconsciente yacen, enraizados en el ser de cada uno, no sólo los deseos de cada uno y del propio pasado, sino también los de nuestros antepasados y los de generaciones ya extinguidas.

Nuestras acciones más peculiares parten de estas profundidades; de esta región oculta para nosotros mismos surgen las ideas geniales, la potencia sobrehumana que domina la nuestra. En esta zona difusa vive nuestro Yo primitivo, del que nuestro Yo civilizado nada sabe o desea saber.

Sin embargo, ese Yo primitivo invade de pronto la zona consciente rompiendo de repente la leve capa de civilización que le retenía, y sus instintos primitivos e indomables irrumpen amenazadores en nuestra sangre, puesto que la voluntad primordial de lo inconsciente es surgir a la luz, convertirse en consciente y, por encima de todo, liberarse actuando: «Puesto que soy, debo actuar.»

En todo momento, cada vez que decimos una palabra, que hacemos un acto cualquiera, nos vemos obligados a reprimir movimientos inconscientes; continuamente nuestra moral civilizada debe protegerse contra la carpichosa barbarie de los instintos y así el conjunto de nuestra vida psíquica aparece como una lucha incesante y patética entre el querer consciente y el inconsciente; entre la acción responsable y la irresponsabilidad de nuestros instintos.

Sin embargo, toda manifestación de lo que es en apariencia inconsciente, aun así resulta ininteligible, pero posee un sentido preciso y hace comprender a toda persona el sentido de sus impulsos inconscientes. Esta es la tarea que en resumidas cuentas asigna Freud a la nueva Psicología.

No logramos conocer el mundo de los sentimientos de un ser humano, sino cuando podemos descubrir la causa de sus trastornos y de sus desórdenes, sino cuando nos aventuramos en lo más profundo del alma.

Pero la ciencia de su época no conocía ningún medio para descender a estas regiones ignotas del intelecto. Además, sus aparatos físicos y mecánicos se declaraban impotentes para abordarlas. La antigua Psicología no podía, pues, proseguir sus investigaciones más que a la luz del día, en el mundo de los consciente.

Ante el histérico o el que sólo hablaba en sueños, limitábase a desviar la mirada no prestando atención.

Interpretación de los sueños a través de signos

Freud destruye esa idea. A su juicio lo inconsciente no es mudo como se había pensado. Se expresa desde luego por medio de signos y símbolos distintos de los del lenguaje de la conciencia. Por eso para entenderlo hay que empezar a descifrar su lenguaje, empezando por comprender el suyo propio.

Freud, como un nuevo Champollion con la escritura jeroglífica egipcia y la piedra de Rosetta, se lanza a la tarea ardua de interpretar signo tras signo y va elaborando un vocabulario y una gramática del idioma del inconsciente para hacer inteligibles aquellas voces que vibran prudentes tras nuestras palabras o nuestro estado de vigilia y a las cuales generalmente obedecemos más gustosos que a nuestra voluntad.

Pero aquel que comprende un idioma nuevo adquiere también un nuevo sentimiento. Así Freud, con su nuevo método de psicología profunda, descubre un mundo psíquico inexplorado y sólo gracias a él, la psicología científica se eleva de la escueta observación teórica de los procesos conscientes a lo que siempre hubiera debido ser: la ciencia del alma.

Uno de los métodos más eficaces que Freud encuentra para sacar a flor el inconsciente es el de la *interpretación de los sueños*. Podrán ser exageradas sus afirmaciones ciertamente, pero ello no le quita mérito para que él fuera el primero en aventurarse por este fantástico mundo. Los sueños son pues, una realización compleja que la mente hace para reflejar la realidad siempre con un significado más o menos claro, más o menos oculto que nos resulta harto provechoso poderlo revelar.

La incógnita del ser humano. Teoría y experimentación.

Difícil le es al ser humano mantener un camino único, lento, limitado... Freud, el joven investigador científico, sin siquiera darse cuenta de su propia limitación, rechazó este camino único, lento, limitado y difícil de la investigación científica. Intuye dentro de sí nuevos caminos más rápidos y sugestivos. Como todo ser humano desea encontrar la síntesis que le ayude a entender el fenómeno humano, este ser que vive para gozar y sólo encuentra sufrimiento, pues desde que vive empieza a morir. Así, pues, no es tan sólo un deseo lo que experimenta el doctor Freud, sino una verdadera necesidad vital y angustiada de esclarecer esta incógnita que es el ser humano.

De modo casi inconsciente, el doctor Freud se identificó con el individuo que goza y sufre y siempre ansía poder gozas más, mucho más. Por eso sin dejar su método de estudio, la medida y la cantidad, cambió el objeto que ocupaba su atención. Si hasta ahora su interés estaba tan sólo en las reacciones mecánicas de los sistemas nerviosos, desde este momento vierte su atención al comportamiento humano que estos movimientos ocasionan. (Entiéndase por *objeto* aquello que, según se considera en filosofía, es el fin de nuestro entendimiento aplicado a una realidad. Por ejemplo: un biólogo o un naturalista estudian la realidad animal; pero cada uno desde un ángulo distinto; a este diferente punto de vista le podemos, pues, llamar objeto.)

Pero el sabio científico olvida que es absurdo aplicar el mismo método a diferentes objetos y quiere seguir su nuevo camino, pues ya ha abandonado su objeto material a cambio de un objeto unificador que por consiguiente no necesita de medida ni cantidad, con las pesas y los análisis: con el microscopio y la probeta de ensayos. Lo que a toda persona dedicada al estudio siempre le guía, esta luz llamada método se inmoviliza en Freud, y queda inmóvil, sin variación, al aceptar como objeto de su estudio otro tan distinto del que como neurólogo había seguido. Aquí como veremos más ampliamente es donde radica el principal fallo de Freud, pues esto le impidió trabajar sobre un individuo más real, más humano, que sólo podía descubrir partiendo de una antropología menos fenomenológica.

Veamos ahora qué fue lo que rechazó Freud, para lanzarse por nuevos senderos. Rechazó ante todo, y quede bien claro, no el método, sino el objeto de su investigación.

Freud fue durante toda su vida un analista, un científico y nunca un filósofo, un moralista o un poeta. Por consiguiente no es de extrañar que en su obra encontremos grandes contradicciones y sobre todo una visión simplista del ser humano.

Sigmund Freud empezó como biólogo y se dedicó a la experimentación y al microscopio, siguiendo rigurosamente el método que en su tiempo revolucionó a todo el mundo occidental: «No queremos saber qué son las cosas, sino cómo son.» Gracias a esta máxima no afirmaba nada sin antes haberlo experimentado, sin antes tener una certeza matemática de su descubrimiento. Mientras fue fiel a este objeto, gracias a su genial inteligencia, dio un verdadero auge a la neurología y a su vez preparó indirectamente el campo para una revisión total de la Psiquiatría.

Por el camino de la Psicología

Pero el doctor Freud no quiso limitarse a esta ciencia, en parte auxiliar de la Psicología, en parte fin en sí misma, lanzándose a la Psicología por caminos filosóficos y culturales distintos a los que seguía como médico neurológico.

¿Qué le indujo a apartarse de su ciencia? El mismo nos cuenta cómo estudiando a una enferma junto con el doctor Breuer, médico general, sucedió algo muy curioso. Se trataba de una paciente histérica que presentaba una parálisis en un miembro superior y una afasia psicomotora. Casualmente la enferma, en estado hipnótico, reveló que, estando cuidando a su padre enfermo, tuvo una pesadilla y cuando despertó se encontró con las dolencias ya mencionadas. Al terminar esta declaración de la paciente desaparecieron los síntomas histéricos de la misma. Esto ocurría a fines del siglo XIX, y a partir de la experiencia antes mencionada Freud decide apartarse totalmente de la escuela de Charcot, para pretender precisamente lo contrario que éste: Charcot dejaba en el fondo a sus pacientes histéricas que pagaran tributo a su enfermedad; Freud pretende desde este momento influir en la enfermedad, detenerla, actuar no como naturalista, sino como médico.

Y esto precisamente porque el doctor Freud ya había descubierto de la experiencia anterior dos hechos: Primero, que en el origen de los fenómenos nerviosos había un accidente anterior, algo que los producía. En segundo lugar dio gran importancia, ya desde el principio, al hecho singular que con el descubrimiento de este origen o génesis quedaba curado totalmente el enfermo.

El doctor Breuer redujo todas las fuerzas interiores del organismo humano, todas, a simples fuerzas físicas o químicas. De aquí el doctor Freud consideró que todo lo que inhibe, obliga o impulsa a la acción humana es simplemente una reacción mecánica.

Con todo lo dicho no atacamos en Freud precisamente su incursión en el campo psicológico, sino precisamente su falta de flexibilidad para cambiar de método al cambiar el objeto de su investigación. Lo cual le llevó a sentar, en un terreno inadecuado, generalizando y dogmatizando, principios que por el propio método que utilizaba no podían ni pueden ser demostrados. Se encontró con un objeto siempre variable, incapaz de proporcionarle los suficientes hechos de experiencia como para poder establecer leyes, al igual que hacía con los tejidos nerviosos, y entonces tuvo que intuir, imaginar teorías que no tienen nada de científicas. Pero es preciso tener en cuenta que su incursión en la Psicologia sirvió de grito de alerta, de aguijón, para despertar un interés nuevo y profundo por una ciencia hasta entonces descuidada, o mejor, relegada a un estado supersticioso, por consiguiente aún muchísimo menos científico de lo que Freud nos presentó. En este aspecto, pues, debemos agradecer a Freud su trabajo, y aunque él no lo consideró como tal, sino que se otorgó a sí mismo el papel de profeta de una nueva ciencia, debemos colocarle en su verdadero lugar.

Sobre todo, al principio de sus investigaciones Psicológicas se presenta menos dogmático que en años posteriores; parece ser que le ocurrió al contrario de otros muchos investigadores: que con los años cada vez se sintió más seguro y aunque constantemente repetía que el psicoanálisis estaba sujeto a revisión, él en el fondo no lo aceptaba.

El Psicoanálisis y el hipnotismo

Podemos considerar como padre del Psicoanálisis al doctor breuer, tal como ya hemos citado, quien usó del hipnotismo. (Estado completamente pasivo del paciente, que vierte toda su realidad interior, sin juzgarla, a un agente externo, el médico.)

El doctor Freud utilizó también de este medio con sus pacientes, pero es de gran importancia el valor que él mismo da a la hipnosis en el Psicoanálisis:

«La importancia del hipnotismo no debe ser jamás sobreestimada. El Psicoanálisis en su teoría y en su terapéutica (acción de curar concreta) es mucho más.»

Abandonó el hipnotismo, pues según él no se podía alcanzar éxito en todos los pacientes ni conseguir efectos permanentes en ellos. Otros opinan que el motivo de desistir del camino hipnótico no fue otro que el hecho de que el doctor de Viena no era tan buen maestro como Breuer en el hipnotismo. De todas maneras siguió conservando algunos de los elementos propios de la hipnosis, tales como la posición del paciente, recostado en un sofá; la posición del médico, invisible a los ojos del paciente... Recurría también a efectos sugestivos como colocarle los dedos sobre la frente, ejercer una ligera presión y decirle que así podría recordar mejor. La penumbra, el silencio absoluto casi religioso...

Pero en su actuación como médico nos es necesario advertir ya aquí que no fue ni en mucho un éxito para el doctor. Muchos de sus pacientes, después de una o dos visitas, ya no volverían a su consultorio. La explicación es que pronto se apercibían de que el doctor más que como médico, actuaba como detective, el cual intenta cercionarse de los detalles del crimen que ya da por supuesto. Este apriorismo no sólo debemos considerarlo como un defecto personal del doctor Freud, sino que es uno de los defectos del Psicoanálisis en sí. Otra dificultad del Psicoanálisis freudiano consiste en que el doctor Freud empezó tratando casos clínicos (enfermos), pero pronto creyó que toda persona estaba enferma. ¿Por qué? La respuesta debemos buscarla en su esquema mental de las fuentes de la enfermedad.

Veamos, pues, uno por uno los aspectos de este esquema mental:

1. Pansexualismo.
2. Complejo de Edipo.
3. Narcisismo.
4. Complejo de Electra.

Estos cuatro aspectos los dedujo de casos patológicos que se le presentaron en el consultorio; pero sin siquiera molestarse en la duda, los generalizó y por tanto los aplicó a toda persona enferma o no. De aquí que su acción médica sobre los pacientes se convirtiera tan sólo en una simple preocupación de dónde colocarlos y en qué apartado debía incluirles.

Panasexualismo

Si llamamos «panamericano» a un conjunto de teorías razonables o no que defienden toda acción o actitud americana podemos llamar pansexual a un conjunto de teorías falsas o verdaderas que nos lleven a considerar todos los problemas del ser humano como manifestaciones de un solo y único problema sexual.

Los tres puntos restantes intentan explicar esta realidad sexual del ser humano:

Complejo de Edipo

Veamos: en el primero, llamado «complejo de Edipo», pretende encontrar la primera explicación de toda su teoría sexual. Evidentemente es exagerada y se aparta de nuestras creencias.

Toda persona, ya varón, ya hembra, cuando era pequeño deseaba poseer sexualmente a su progenitor de sexo contrario. Así, pues, todo niño desea poseer sexualmente a su propia madre y toda niña desea ser poseída sexualmente por su propio padre. Este deseo consiste en que el niño quiere sustituir a su padre en el acto de la copulación y al no poder realizarlo odia a su padre hasta el extremo de desear ardientemente su muerte para así poder ocupar su sitio en el lecho matrimonial. La niña quiere ser poseída por su padre igual que lo es su madre; al no conseguirlo odia a su madre deseando para ella la muerte y así poder ocupar su sitio ante el padre. Todo ello, ya lo hemos dicho, exagerado, y ya en su tiempo provocó grandes críticas.

El doctor Freud llama a esto «complejo de Edipo», pues considera que la tragedia de Sófocles (siglo y antes de Cristo), Edipo es su máxima expresión literaria.

¿Qué dice la tal tragedia?

El padre de Edipo, prevenido por un oráculo o vaticinio de lo que iba a suceder, mandó matar a su propio hijo aún pequeño; pero unos pastores se apiadaron del niño y le salvaron. Con esto Edipo hubo de seguir su destino y sin saberlo mató a su padre y se casó con su madre al libertar a una ciudad de una esfinge que la asolaba, de cuya ciudad su madre era reina.

Al intentar vengar la muerte del antiguo rey de la ciudad, Edipo busca al asesino del rey Layo, pues éste era el nombre de su padre, para castigarle; pero al enterarse de que es hijo del muerto, y de que fue él mismo quien le mató sin conocerle, se arranca los ojos y se destierra de su propio reino.

Para el doctor Freud, este problema no concluye con los deseos ya mencionados, sino que crea la primera represión en el niño o la niña. Pues según él todos los los niños temen que, por venganza, su padre los castigue con la *castración*.

Narcisismo

Otro de los cuatro aspectos reseñados es el llamado «Narcisismo», sacado a su vez del riquísimo tesoro de caracteres humanos que la mitología griega nos ha dejado.

Narciso, hombre muy hermoso, al mirarse en las aguas de un estanque se enamora de su propia belleza. Con este simbolismo, el doctor vienés Sigmund Freud pretende establecer la base o fundamento del amor como culminación del egoísmo, intentando llamar amor a la proyección de uno mismo sobre algo exterior, demostrando de esta forma que siempre lo que uno ama es a sí mismo.

Complejo de Electra

El último punto es el complejo de «Electra», sacado a su vez de otra inmortal tragedia griega, esta vez de Esquilo, anterior al propio Sófocles. De las siete obras que nos quedan de Esquilo ha escogido la Orestiada. En esta obra, Electra, hija de Agamenón, el cual ha sido asesinado por su mujer Clitemnestra y por el traidor Egisto, al volver de la guerra de Troya, exige a su hermano Orestes que vengue la muerte del padre matando a los culpables. Así lo hace éste que, perseguido por las Furias, se refugia en Atenas, donde tras ser juzgado es absuelto y perdonado por aquéllas.

Este complejo es la versión en femenino del «complejo de Edipo» ya mencionado, al creer ver Freud, en la venganza de Electra, los deseos concupiscentes de la hija para su propio padre y el odio de la hija hacia su madre. (Hemos relatado algo ampliamente las tres obras citadas por Freud, con el solo propósito de facilitar al lector una mayor comprensión de lo rebuscado que resulta la interpretación que Sigmund Freud hace de ellas.)

En los tres casos mencionados lo que Freud quiere solucionar son las represiones que provocan en el sujeto, al no ser realizados sus deseos, con el fin de alcanzar al ser humano «libre». *Entiende por represión todo deseo sexual frustrado, ya por la sociedad, ya por autocensura debida a la formación adquirida.*

Llega la hora de preguntarnos, ¿dónde encuentra estas represiones sexuales de sus enfermos el doctor de Viena? En los sueños de sus pacientes...

El doctor Freud ve los sueños como un mecanismo de compensación para el que sueña. Todos deseamos ser fuertes, poderosos y tener éxito en los placeres sexuales. Pero esto no lo conseguimos plenamente, pues somos limitados y siempre deseamos muchísimo más. Entonces todos estos deseos van a parar al subconsciente y durante el sueño éste nos revela estos mismos placeres como realizados por nosotros mismos, compensando así nuestra insatisfacción ante una vida real ciertamente dura e infeliz, difícil de aceptar plenamente.

Fijémonos por unos momentos en uno de los ejemplos que nos pone el doctor Freud. Una paciente que perdió a su padre mientras estaba en tratamiento soñó que le oía decir: «Son las once y cuarto»; la paciente dijo que este sueño se debía al recuerdo de la puntualidad de su padre.

Freud intentó sondear este problema y al fin resultó que el día anterior en aquella misma hora la paciente había estado hablando del hombre primitivo como algo que forma parte de todos nosotros. Entonces Sigmund Freud le explicó que su sueño era el intento de sentirse hombre primitivo para así recobrar a su padre muerto.

En el caso anteriormente expuesto la paciente se refugiaba en una interpretación lógica de su sueño, y hacía resistencia a la verdadera significación del mismo.

«Puedo demostrar -nos dice Freud-, que olvidarse de los sueños se debe en gran manera a la resistencia que al ser vencida por el médico deja libre la memoria. Esta constituye la base del método Psicoanalítico; al apoyarse el médico en vencer la resistencia que opone el paciente le obliga a aceptar la realidad y así le libra de su represión.»

Con todo es necesario tener en cuenta que el médico sólo establece leyes de asociación y así obliga al enfermo a volver al origen de su crisis. Esto es así porque la represión la sufre el paciente y no el médico; éste sólo le obliga a centrar su atención sobre los hechos ya pasados hasta que el propio paciente da con el eslabón que no encontraba; a partir de aquí la curación es ya un hecho.

Freud fue el descubridor del *subconsciente* y a su vez demostró la existencia en nosotros de un *mecanismo de compensación*. Con todo lo cual hizo que la ciencia psicológica avanzase muchísimo.

La palabra «subconsciente», expresada según un circunloquio, quiere decir «debajo del consciente». O aquello que en nosotros existe de una forma ignorada.

Si utilizamos un ejemplo podemos escoger el de los rayos en Física. Pero téngase presente que cualquier ejemplo no es nunca una imagen perfecta de la realidad que intenta esclarecer, es tan sólo un medio o camino de ayuda; por lo cual no se puede coger jamás un ejemplo como fundamento de la realidad que pretende explicar.

Todos sabernos que existen rayos que son invisibles a nuestros ojos, o sea, que nuestro aparato ocular no puede captar por su misma limitación natural. Dentro de estos rayos se encuentran los llamados rayos gamma y los rayos ultravioleta. Existen además los rayos blancos o luz, los cuales nuestra retina es capaz de recoger, dándonos la visión de los objetos y seres que nos rodean.

La Física nos explica el por qué ni los rayos gamma ni los ultravioleta podemos captarlos normalmente, o sea, en las mismas condiciones naturales con que captamos los rayos de luz. Los primeros son invisibles a nuestros ojos debido a su menor longitud de onda y los segundos debido a su mayor longitud de onda con respecto a la luz que normalmente captamos.

Si nos fijamos en la inteligencia humana en general veremos que no hay ningún individuo que la desarrolle totalmente. Hay quienes sólo desarrollan la memoria, otros el raciocinio, otros la intuición, otros la imaginación. Hay en nosotros facultades intelectivas que desconocemos, tales como la telepatía, el vaticinio, la mística...

Teniendo presentes estas realidades de la inteligencia humana podemos decir que estas zonas intelectivas no han sido totalmente estudiadas y por el hecho de que todos los seres humanos poseemos alguna de estas cualidades para entender, podemos presumir que también existe en cada uno de nosotros capacidad para las otras cualidades. Siendo así, nada nos impide opinar que todos los seres humanos podamos poseer todas estas diversas formas de intelecto.

Podemos afirmar que verdaderamente la inteligencia humana tiene tres zonas: una subconsciente, en la cual se acumula todo aquello que por su pequeñísima sutilidad escapa a nuestra habitual manera de entender; otra, la que podríamos llamar supraconsciente, en la que existe todo aquello que por ser muy superior a nuestra capacidad normal de intelección escapa también a nuestra comprensión cotidiana; y por fin, esta inteligencia que normalmente utilizamos todos cada día y que viene a ser como la luz blanca en la escala de los rayos, tal como hemos visto en el ejemplo anterior.

En el primer caso, subconsciente, tenemos todo el lastre de prejuicios que están latentes en nosotros, esperando cualquier oportunidad para aflorar a la realidad, limitando de un modo u otro nuestra acción.

En el segundo caso tenemos la comunicación entre personas de una manera supramaterial (en Estados Unidos se probó hace años la comunicación telepática desde una base terrestre con un submarino atómico dando resultado satisfactorio, y los rusos hicieron otro tanto), la superación del tiempo y del espacio habituales en una vivencia real, la predicción de acontecimientos futuros por medio de datos insuficientes para poder sacar conclusiones lógicas, la intuición poética...

Sigmund Freud estudió y analizó el primer caso, el subconsciente, demostrando que éste existía en toda persona. Pero lo maravilloso del maestro de Viena no fue precisamente esta comprobación de la existencia real de un saco donde se almacenan todas nuestras vivencias; sino precisamente el dar en su función, el descubrir en nosotros lo que llamamos «*mecanismo de compensación*».

A todos nos gustan las películas de acción que actualmente tanto abundan, donde el protagonista es un «don Juan», valiente sin medida, atrevido sin límites, sinvergüenza ante la sociedad y superior a toda traba moral o social, cuya sonrisa es la de un cínico. Sí, nos gusta esta clase de héroe, y nos gusta precisamente por el hecho de ser él quien realiza todos nuestros deseos escondidos, ahogados por el bien parecer ante los demas, por creer que así somos mejores; pero tan sólo conseguirnos, con esta actitud, parecer redimidos de nuestros primitivos deseos de los cuales nos avergonzamos públicamente; pero en realidad no estamos redimidos de ellos. Estos deseos instintivos siguen viviendo en nuestro ser un mundo irreal que nosotros mismos fabricamos, un mundo de sueños y fantasías que nos creamos para compensar las derrotas ante la vida real y terriblemente exigente en que nos movemos.*

Este caso puede ilustrar lo anterior de una manera clara y real: Dos solteronas ven salir de un templo a una joven del brazo de su reciente esposo. Su actitud externa es de indiferencia, de repulsión; en fin, a la vista de cualquier curioso ellas no necesitan esposo, lo han superado. Pero estas dos mujeres, al llegar a su casa y acostarse en la cama vacía y solitaria, pasarán desveladas las horas pensando y gozando secretamente de los placeres que antes han aparentado serles indiferentes e incluso han criticado apasionadamente.

Freud ha descubierto este secreto tan humano y lo ha desenmascarado; él ha visto en esta actuación farisaica la

---

* Hace tiempo que se acabaron las películas o los "*culebrones*" de buenos y malos con un exagerado maniqueismo. Ciertamente el ser humano participa de las dos cualidades, no es ni blanco ni negro, sino gris, predominando más el negro o la parte perversa más que la otra. Como modelo pongamos por ejemplo las películas de James Bond en donde el héroe llega a gozar de una mujer "enemiga" antes de matarla...

gran negación de la realidad, la gran mentira de nuestra sociedad. Ciertamente su método puede parecer libertino, totalmente inmoral; pero no olvidemos que nada hay más inmoral que renegar de nosotros mismos, de no aceptarnos en nuestra realidad por pobre y limitada que ella sea y pretender vivir de puertas a fuera una vida impropia de nuestra condición humana.

Por otra parte, esta sinceridad que Freud nos pide no quiere decir en modo alguno que debamos descender a la satisfacción de nuestros instintos; esto sólo puede ser entendido así por gente que ciertamente necesita ser curada de lo mismo que pretende destruir con sus burlas y comentarios; lo único que el doctor Freud nos exige es que seamos conscientes de nuestros instintos y tendencias primitivas e intentemos por todos los medios encaminarlas conscientemente a acciones o actos humanos, de los que de verdad seamos responsables ante nosotros mismos.

Queda claro, con todo lo dicho, que no es tan fácil, como creen algunas mentes obsesionadas por la lógica y la moralidad, hacernos ver en Freud tan sólo un pervertidor del orden establecido, en un sentido total y de signo completamente negativo.

Sí, Sigmund Freud es un pervertidor, pero yo me atrevo a decir, copiando a Nietszche, un pervertidor del «desorden establecido», y ciertamente nos hacía falta quien acabara aún con todas sus limitaciones, con este desorden establecido y nos hiciera reaccionar de nuestro letargo, de nuestra rendición ante la posibilidad de llegar al hombre libre, consciente.

Es contraria a la afirmación anterior de sublimación del ser humano, la concepción antropológica freudiana. Ciertamente, el doctor Freud no concebía al hombre como una simple máquina, ni tampoco como un ser del reino animal; pero su visión del ser humano, como la lucha entre dos fuerzas animal-espiritual, no podía ser suficiente para tener verdaderas esperanzas en su progreso.

Resumiendo todo lo menciondo en este capítulo, llegamos a la conclusión de que ciertamente Freud quedó limitado por su época, en cuanto al método e incluso a las posibilidades reales de la Psicología, que además acabó él mismo, considerando el Psicoanálisis más que como una realidad científica como un hecho prodigioso, casi religioso. También es cierto que exageró la base sexual del ser humano sacándola de su lugar, prescindiendo de otras realidades humanas básicas, como el temor a la muerte, el ansia de libertad... Pero el hecho de que Freud centrara su atención sobre lo sexual era, sino necesario, normal en un momento de reacción. Todos sabemos que cualquier reacción cae fácilmente en el extremo opuesto; pero lo importante, por lo menos para todo espíritu abierto a la verdad, es el gran paso que Sigmund Freud consiguió dar, de cara a un conocimiento más científico del hombre y sobre todo mucho más completo de lo que hasta él se había conseguido jamás.*

---

* Aunque con su empedernida hipocresía que provocará su desdén, Freud es influido por el filósofo alemán Friedrich Nietzsche (1844 - 1900). Anticipó por intuición algunas de las ideas de Freud. Fue el primero en descubrir la importancia de la abreacción (liberación de un complejo reprimido o de una emoción no reconocida), de la represión, de las pulsiones sexuales normales y sádicas...

¿Qué quiere decir Psicoanálisis?

Esta palabra compuesta de otras dos: *psijé* y *análisis* toma su significado etimológico del valor de cada uno de estos vocablos y con este significado, su verdadero y único sentido.

Psijé quiere decir, para Freud, no alma o espíritu, sino el «principio unificador de todas nuestras fuerzas de atracción o repulsión ante los estímulos exteriores».

Análisis significa «estudio por partes de una cierta meteria o tema». Por lo cual Psicoanálisis es «el estudio por partes del principio unificador del ser humano».

Pero para Freud este concepto de Psicoanálisi queda determinado en el campo sexual, por convertirlo en un estudio por partes del principio unificador del hombre, que él considera siempre sexual. El Psicoanálisis de Freud es un Psicoanálisis sexual.

Rasgos físicos

En el aspecto físico los rasgos de Freud eran fuertes, precisos, definidos. De estatura normal y de configuración ni corpulenta ni endeble. De facciones regulares, quizás excesivamente regulares, rayando en el arquetipo. Presentó siempre el aire de esas personas de edad indefinida «para quienes decimos que los años no pasan».

Poco a poco, la edad, la vejez y la enfermedad imprimieron en Freud su cincel modelador. El cabello se le fue tornando gris, así como la barba, dejando al descubierto una aguda boca y una recia barbilla rematada en un maxilar inferior huesudo.

En estos rasgos tan marcados se descubre la firmeza de su voluntad y de su carácter. La mirada se le hizo cada vez más profunda y sombría, aguda y penetrante. Un pliego amargo y receloso hendió cual profunda herida la frente despejada cubriéndola de arrugas.

Ver claramente, pensar claramente, actuar claramente, he aquí tres premisas que intentó siempre conseguir Freud en su obrar cotidiano.

La necesidad de analizar era en él instintiva, innata, orgánica e irrefrenable. Si alguna vez no comprendía con claridad alguna cuestión, Freud era incapaz de compartir el punto de vista de nadie, por versado en aquella materia que fuera su interlocutor; lo que no le parecía claro, nadie podía aclarárselo.

Su espíritu era intolerante ante las opiniones ajenas. Era en esta lucha dialéctica, al erguirse solo contra los pareceres de los demás, cuando se desplegaba plenamente el instinto agresor de su voluntad, de su voluntad intelectual que la naturaleza le había concedido, cortante como una guillotina.

Pero si rudo y severo fue para con los que le rodearon no lo era menos para consigo mismo. Acostumbrado a desconfiar, ejercitado en descubrir la menor falsedad hasta en las profundidades más recónditas del inconsciente, en hallar tras cada confesión otra más sincera, aplicó también a su propia persona la vigilancia de esa inspección analítica.

Las ideas de Freud no fueron improvisadas, y apenas si había nada en ellas de intuitivo. Para lanzar una afirmación con seguridad se había pasado horas y horas de estudio y análisis.*

---

* Michael Onfray niega esta premisa, refiriéndose más a la intuición que a un procedimiento plenamente científico. ¿Dónde está lo cientí-

Premisas freudianas

Sólo después de muchos años de paciente examen, formula y lanza con certeza sus teorías. Pero entonces las defiende hasta lo imposible. La certeza en Freud llega tarde, pero una vez alcanzada nada ni nadie será capaz de contradecirla.

Esta firmeza en sus convicciones es lo que los adversarios de Freud y aun sus mismos partidarios le han echado en cara muchas veces. Pero esta inflexibilidad es inseparable de su naturaleza: es debida a una exactitud no voluntaria, sino espontánea, a una manera particular de ver las cosas.

Sin embargo, no trató nunca de convencer, de persuadir o de halagar a sus oyentes y lectores. Se limitó a exponer sus ideas. Su prosa no fascina, no subyugó ni subyuga a nadie; describe con claridad por dura que ésta sea. Prosa desnuda sin ningún tipo de ornamentación superflua, va directamente al grano, al nudo de la cuestión.

En el curso de sus demostraciones filosóficas, Freud no se aparta ni una sola vez del camino recto y en toda su producción no se hallará una sola frase que no sea fácilmente asequible, incluso para una persona de cultura media. Su expresión, lo mismo que su pensamiento, tienden siempre a una precisión que es casi geométrica.

Se dice que todo genio lleva una máscara. Freud eligió una de las más impenetrables: la de discreción, teñida de una consciente hipocresía y una egolatría sin límites.

---

fico? Se pregunta cuando en la interpretación de los sueños, por ejemplo, varios psicoanalistas por separado interpretan cada uno de ellos de diversa manera? Por otra parte Freud fue muy amigo de la magia, del ocultismo, la numerología y hasta del espiritismo. Finalmente, práctica personal de ritos de conjuro de la mala suerte.

Una personalidad extraña

Su vida exterior disimula una endemoniada capacidad de trabajo tras una especie de vida cómoda y burguesa. Su rostro oculta la llama del genio creador tras unas facciones normales. Su obra, en apariencia modesta, es audaz y demoledora. La frialdad de su estilo disimula toda la profundidad de su fuerza creadora.

La frialdad de su carácter llegó a grados insospechados. Cuentan que vio impasible cómo uno de sus hijos marchaba a la guerra sin derramar una sola lágrima. Pero nadie ha podido probar que en el fondo Freud no sintiera más la partida de su hijo que cualquier otro padre lloriqueando histéricamente, cuando el llorar no sirve para nada positivo.

Psíquicamente, fue casi un espartano, pero sus doctrinas son tales que es posible no preveyera él mismo sus consecuencias, tanto en lo malo como en lo bueno.

No es necesario que Freud haya llegado al fondo de sus teorías como tampoco es necesario que el inventor del ajedrez sea campeón mundial de ajedrez. Sin embargo, el mérito de haberlo inventado es quizás el más grande.

Otra faceta de la fuerza del genial psicólogo fue la forma dictatorial con que rigió su hogar y su trabajo. Su familia y sus discípulos tenían que obedecer. Su proceder no fue acompañado del éxito, ya que entre sus discípulos hubo muchos rebeldes. Pero para comprender mejor este innato afán de mando basta fijarse en sus sueños, en los que jamás se identifica con Darwin o Pasteur, sinó con Aníbal o Cromwell.

Dos de sus discípulos, que se consideraron amigos de la família durante treinta años, en sus memorias no se retraen en llamar poco sociable al Maestro. Ellos pudieron observarles de cerca, además de haber sostenido conversaciones confidenciales con su mujer y sus hijos. Pocas escenas narran en sus libros en que el Maestro aparezca como un ser cariñoso con su família y amigos. Pero aunque las apariencias engañan, los hechos demostraban que había entregado su vida a la ciencia.

Freud hizo una buena elección casándose con una mujer del norte de Alemania, Martha Bernays, que le dio seis hijos, tres varones y tres mujeres, pero que curiosamente no satisfizo la sexualidad de aquélla. Ella hizo cuanto estuvo en su poder por él, sin exigir nada a cambio. Compartió el hogar de casada con una hermana suya simpatiquísima y alegre. Freud no opuso en esto ningún reparo, comportándose durante toda su vida como un caballeroso cuñado, si atenemos a la tradición. Otra cosa habría sido si la misma situación de vida la hubiera oído de labios de algún paciente suyo. *

En su casa, Freud ocupó tres habitaciones para sus trabajos, despacho y laboratorio. Durante las comidas se reunía con su familia y era tratado como un patriarca. Siguiendo la costumbre vienesa, emprendió viajes al campo en verano, dando allí largos paseos. Atento a no tener que depender de la gente ni de las circunstancias, siempre llegaba a la estación una hora antes de la salida del tren.

Trató de defender su independencia no aceptando un cargo público. En la Universidad ambicionó ser catedráti-

---

* Según Michel Onfray estas relaciones no fueron tan idílicas pues sí que cortejó a su cuñada y mantuvo con su propia hija Anna una relación simbólicamente incestuosa. Una hija, la menor, lesbiana empedernida, que Freud psicoanalizó no sólo a ella, sino a su amante y a sus hijos.

co, pero prefirió actuar más como lector porque como tal no estaba sujeto a tantas imposiciones y obligaciones.

Freud se rodeó en su despacho de máscaras exóticas y animales disecados, en recuerdo a sus investigaciones sobre el totem y el tabú. Durante mucho tiempo adornó su mesa escritorio con la estatua de un mono. La única flor que a Freud le gustaba era la orquídea. Continuamente sostenía entre los dedos o entre los dientes un cigarro muchas veces apagado despreocupadamente.

Jamás miraba a sus pacientes durante el tratamiento y aconsejó a sus discípulos proceder de la misma forma.

El dinero no fue nunca su objetivo principal, según sus panegiristas*. La compensación de Freud fueron los sentimientos de poder sobre las almas humanas.

A los setenta años sufrió un cáncer en la lengua. Como médico, sabía que su enfermedad era incurable y, sin embargo, soportó los dolores sin lamentarse durante más de diez años.

En 1938, Austria fue invadida por los nazis. Freud huyó a Londres, donde fue como si hubiera pasado de las tinieblas de sus tres habitaciones vienesas a la espaciosidad de una casa de campo británica. Allí dispuso de un gran jardín, vivió al aire libre y al sol.**

---

* Michael Onfray lo niega taxativamente, argumentando que tanto aquel como su amor por la fama fueron proverbiales.

** Sin embargo, con Mussolini estuvo respetuoso. Incluso le dedicó el opúsculo epistolar *¿Por qué la guerra?* La guerra es una necesidad cruel de la vida. El desarme es una utopía. Es necesario querer la paz. Pero hay guerras inevitables. Hay que educar a las masas en la renuncia pulsional. Freud es favorable al gobierno del canciller Dollfuss, similar al de Mussolini. Hay que admitir la guerra como una de las tantas ca-

En Inglaterra, no obstante, continuó infatigable sus trabajos y escritos hasta el final de sus días con una obstinación admirable y tozuda a la vez. A pesar de la edad y de la enfermedad, se aferró a lo que no hacía mucho había afirmado:

El hombre de los impulsos

«La razón no promete ninguna indemnización para aquellos que sufren gravemente en la vida. Los seres humanos son poco accesibles a los fundamentos razonables, se sienten movidos por deseos impulsivos. No poseemos otros medios para dominar nuestros impulsos que nuestra inteligencia. La voz del intelecto es débil, pero no calla hasta que se le presta oído. Finalmente, después de numerosas y repetidas desviaciones, la encuentra. La superioridad de la inteligencia, no obstante, estriba en una lejana, aunque probablemente no inasequible distancia.»

Freud murió el 24 de septiembre de 1939. Durante toda su vida estuvo enamorado de los impulsos. Al igual

---

lamidades penosas de la vida. Es menester estar armado mientras otros lo estén. Es decir, siempre.

No todas las guerras son malas en si mismas. La guerra originada por una *pulsión de muerte* sólo desaparecerá cuando desaparezca el último hombre. El opúsculo fue como encargo realizado por la Sociedad de Naciones que promovió un intercambio epistolar entre Sigmund Freud y Albert Einstein sobre el tema. Einstein se mostró como un sincero pacifista y un sincero impulsor del desarme.

Freud con Mussolini disimula. La represión del canciller Dollfuss de 1934 le deja indiferente, pero con Hitler y su antisemitismo visceral no tiene más remedio que emigrar.

que los estoicos, se aferró por encima de todo a su dogma, a pesar de las circunstancias adversas.

Conclusión

Michel Onfray en su obra *Freud, el crepúsculo de un ídolo* (Taurus-Santillana, Madrid 2011) se propone desmitificar el método del psicoanálisis y su más conspicuo defensor Sigmund Freud.

Según Onfray, freud fracasó en el intento de construir una ciencia. El psicoanálisis no es para él sino el producto de influencias de la psicología ,de la literatura y de la filosofía. Lo más justo es colocarse en un término medio, ni el rechazo total de su doctrina ni su deificación. Su pansexualismo es de una exageración manifiesta. Sin embargo, freud, como Marx, abre caminos para que otros, primero como discípulos suyos, después como disidentes, continuaran su senda iniciada haciendo otras aportaciones. Otro de los errores de bulto que llama la atención es que basándose en un machismo empedernido al que contribuyó el ambiente de la época y su condición de judío, llega a la conclusión de que la mujer siente la "falta de pene". En cuanto a la homosexualidad, Freud escribe que el homosexual sería incapaz de amar a otro, un tercero perteneciente al sexo opuesto, al suyo porque se ama a si mismo y a eso, recordando la fábula, lo denomina *narcisismo*. Freud defiende que "los invertidos no son degenerados" y en 1897 firma una petición contra un artículo del Código Penal de Alemania que reprimía la homosexualidad, aunque Freud considera a ésta una perversión que se aparta de las reglas normales del coito: la unión del pene con la vagina que "lleva al alivio de la tensión sexual". En los *Tres ensayos sobre la teoría sexual*, Michel Onfray apunta que en su origen es obra de su amigo íntimo (del que como solía suceder, después se distanció) Wilhem Fliess (1858 - 1928) que habla de la bisexualidad de todo ser humano (idea apropiada por Freud).

La leyenda habla de un Freud apolítico, judío liberal y demócrata, pero esta idea se contradice con la elección de uno de sus ídolos históricos Oliverio Cromwell, nadie más alejado de aquel ideal. Incluso llega a elegir el nombre de Oliverio para su tercer hijo.

Para patentizar su fobia antipaterna, Freud vedó la circuncisión de sus hijos, la concurrencia a la sinagoga, la educación religiosa, la práctica familiar y la dedicación privada de su mujer. Sin embargo, se adscribe a una asociación judía liberal y da conferencias en ella. Ante la persecución nazi, no excluye la posibilidad de la fundación de un Estado judío. La religión para él es una "neurosis obsesiva". No quiere ser judío, pero tampoco antisemita.

Aunque como es lógico, él afirmará lo contrario, Freud en muchos aspectos, no es un innovador, ya mencionamos a Nietzsche y a Breuer pero sus raíces van más allá: Empedocles de Agrigento (S. V a.C.), Artemidoro (S. II a.C.) (*La interpretación de los sueños*), Sócrates (*Conócete a ti mismo*) o *El Banquete* de Platón (S. V a IV a.C.). ¡Él que negaba toda filiación filosófica!

Sea como fuere Sigmund Freud es una de las personalidades contemporáneas más controvertidas. Carl Gustav Jung, uno de sus discípulos denominados herejes o disidentes escribió a este propósito:

"Yo no soy un opositor de Freud, aunque haya sido presentado bajo este aspecto. Ningún psicoterapeuta experto puede negar haber encontrado por lo menos docenas de casos que corresponden a las descripciones de Freud. Freud ha colaborado al nacimiento de una gran verdad humana. Ha dedicado su vida y su energía a la construcción de una psicolgía que es la formulación de su propio ser."

Por su parte el escritor ruso - norteamericano Vladimir Navokob cuya obra principal "Lolita" es digna de ser psicoanalizada escribirá al respecto:

"No tengo la intención de soñar los monótonos sueños de clase media de un maníaco austríaco en paraguas raído. Sugiero asimismo que la "religión freudiana" lleva a consecuencias éticas peligrosas, como cuando a un asesino repugnante con un cerebro de lombriz se le da una pena más leve por que su madre lo zurraba demasiado, o demasiado poco... lo mismo da. El fraude freudiano me parece tan ridículo como la enorme casa de madera lustrada con un agujero en medio que nada representa, salvo la cara boquiabierta del "filisteo" a quien se le dice que es una gran escultura creada por el más grande troglodita viviente."

FRANCESC LL. CARDONA

SIGMUND FREUD

TRES ENSAYOS SOBRE LA TEORÍA SEXUAL

1. Las aberraciones sexuales

La circunstancia de la existencia de necesidades sexuales en el hombre y en el animal es expresado por la biología mediante la idea de la existencia de una "pulsión sexual". Para ello se refiere por similitud a la *pulsión de la nutrición*, es decir, el hambre. El lenguaje popular carece de una designación equivalente a la palabra "hambre"; la ciencia usa para ello "libido".*

La opinión popular posee representaciones muy precisas acerca de la naturaleza y las propiedades de esta pulsión sexual: faltaría en la infancia, aparecería en la época de la pubertad, y, junto con el proceso de maduración alcanzaría la plenitud y se revelaría en las manifestaciones de atracción incontenible que un sexo ejerce sobre el otro; su objetivo sería la unión sexual o, al menos, las acciones que van en esa dirección. No obstante a las certezas populares, tenemos el pleno convencimiento de señalar que esas indicaciones son un reflejo o copia muy infiel de la realidad; y si las observamos más de cerca, las vemos llenas de errores, inexactitudes y conclusiones precipitadas.

Introduzcamos dos términos: llamamos "objeto sexual" a la persona de la que parte la atracción sexual, y "objetivo

---

* Se entiende por *líbido* la energía motriz asociada a los instintos de la vida. Esta energía anima el instinto de la búsqueda del placer. Para Freud, todo estado afectivo y sobre todo la pulsión sexual se asocia inevitablemente con la líbido.

o meta sexual" a la acción hacia la cual se esfuerza y se dirige la pulsión. Si tal hacemos, la experiencia obtenida científicamente nos muestra la existencia de numerosas desviaciones respecto de ambos, del objeto sexual y de la meta sexual, desviaciones cuya relación con la norma habitual exige una investigación más a fondo.

Desviaciones con respecto al objeto sexual. La fábula mitológica de la partición del ser humano en dos mitades, macho y hembra, que aspiran a reunirse de nuevo en el amor, se corresponde a la perfección con la teoría popular de la pulsión sexual. Por eso llama la atención el enterarse de que existen hombres cuyo objeto sexual no es la mujer, sino el hombre, y mujeres que no tienen por tal objeto al hombre, sino a la mujer. A esas personas se las conoce como sexo invertido o, más directamente, *invertidas*; y al hecho mismo, "inversión". El número de esas personas es muy grande, aunque es difícil saber cuántos son con exactitud.

La inversión

Conducta de los invertidos

Las personas en cuestión se comportan de forma por completo diferente en distintos casos.

a. Pueden ser invertidos "absolutos", y se puede decir que su objeto sexual tiene que ser de su mismo sexo, mientras que el sexo opuesto nunca es para ellos objeto de necesidad sexual, sino que los deja fríos y hasta les provoca rachazo. Si se trata de hombres, este rechazo los incapacita para realizar el acto sexual normal, o no experimentan ningún placer al realizarlo.

b. Pueden ser invertidos "anfígenos" (hermafroditas psicosexuales), y se puede decir que su objeto sexual puede pertenecer tanto a su mismo sexo como al otro; la inversión no posee entonces el carácter exlusivo.

c. Pueden ser invertidos "ocasionales", y se puede decir que bajo ciertas condiciones exteriores, entre las que descuellan la incapacidad de relación con el objeto sexual normal y la imitación, pueden tomar como objeto sexual a una persona del mismo sexo y sentir placer en el acto sexual con ella.

Los invertidos manifiestan, además, una conducta diferente en su juicio sobre la particularidad de su pulsión sexual. Algunos consideran la inversión como algo natural, tal como el normal considera la orientación de su libido, y defienden con calor su igualdad de derechos respecto de los normales; otros se sublevan contra el hecho de su inversión y la experimentan como una compulsión patológica.

Otras variaciones competen a las relaciones temporales. El rasgo de la inversión data en el individuo desde siempre, hasta donde llega su recuerdo, o se le hizo palpable sólo en determinada época, antes o después de la pubertad. Este carácter puede conservarse durante toda la vida, o bien desaparecer en algún momento, o bien representar un episodio en la vía hacia el desarrollo normal; e incluso puede mostrarse sólo más tarde en la vida, trascurrido un largo período de actividad sexual normal. También se ha descubierto un cambio periódico entre el objeto normal y el invertido. Especial interés presentan los casos en que la libido se altera en el sentido de la inversión después que se tuvo una experiencia desagradable con el objeto sexual normal.

En general, estas diversas series de variaciones coexisten con independencia unas de otras. En el caso de la forma más extrema tal vez pueda suponerse regularmente que la inversión existió desde una época muy temprana y que la persona se siente conforme con su conducta.

Muchos autores se negarían a reunir en una unidad los casos aquí enumerados y preferirían destacar las diferencias entre estos grupos en lugar de sus rasgos comunes, lo cual guarda relación estrecha con la forma en que prefieren apreciar la inversión. Sin embargo, por justificadas que se muestren las separaciones, no puede silenciarse que se descubren en número abundante todos los grados intermedios, de forma que el establecimiento de series se impone en cierto modo por sí solo.

Concepción de la inversión

La primera valoración de la inversión consistió en concebirla como una prueba innata de degeneración nerviosa, en armonía con el hecho de que los observadores médicos tropezaron por primera vez con ella en enfermos nerviosos o en personas que delataban esa impresión.

Esta caracterización contiene dos notas que deben ser juzgadas por separado: *el carácter innato* y *la degeneración*.

Degeneración

La *degeneración* está expuesta a las objeciones que se realizan, en general, contra el uso indistinto de esa palabra. Se ha hecho costumbre imputar a la degeneración todo tipo de manifestación patológica que no posean un origen estrictamente traumático o infeccioso. La clasificación de los degenerados propuesta por Magnan hace que ni siquiera una actividad nerviosa de óptima conformación general quede necesariamente excluida de la aplicación de ese concepto. En tales circunstancias, cabe preguntarse qué utilidad y qué nuevo contenido posee en general el concepto «degeneración». Parece más acertado referirse a degeneración sólo cuando: 1) coincidan varias desviaciones graves respecto de la norma; 2) la capacidad de rendimiento y de supervivencia aparezcan gravemente dañadas.

Varios hechos hacen ver que los invertidos no son degenerados en este sentido estricto del término:

1. Encontramos la inversión en personas que no presentan ninguna otra desviación grave respecto de la norma.

2. La encontramos en personas cuya capacidad de rendimiento no sólo no está dañada, sino que poseen un desarrollo intelectual y una cultura ética singularmente elevados.

3. Si separamos de los pacientes que se nos presentan en nuestra experiencia médica y procuramos abarcar un círculo más extenso, en dos direcciones nos encontramos con circunstancias que prohíben concebir la inversión como signo degenerativo: a) es preciso considerar que en pueblos antiguos, en el apogeo de su cultura, la inversión fue un fenómeno normal, casi una institución a la que se confiaban importantes funciones; b) la encontramos muy difundida en muchos pueblos salvajes y primitivos, mientras que el concepto de degeneración suele relegarse a la alta civilización (Bloch); y sobre todo entre los pueblos civilizados de Europa,

el clima y la raza ejercen la máxima influencia sobre la difusión y la consideración de la inversión.

Carácter innato

Como es lógico, el carácter innato se ha afirmado sólo respecto de la primera clase de invertidos, la más extrema, y por cierto sobre la base de la afirmación de estas personas en el sentido de que en ningún momento de su vida se presentó en ellas otra orientación de la pulsión sexual. Ya la existencia de las otras dos clases, en especial de la tercera (los invertidos «ocasionales»), es difícilmente compatible con la idea de un carácter innato. Por eso los que defienden esta opinión se inclinan a separar el grupo de los invertidos absolutos de todos los demás, lo que trae por consecuencia la renuncia a una concepción universalmente válida de la inversión. De acuerdo con ello, en una serie de casos esta poseería carácter innato; en otros, podría haber nacido de otra manera.

Opuesta a esta concepción es la que afirma que la inversión es un carácter "adquirido" de la pulsión sexual. Se apoya en las siguientes consideraciones:

1. En muchos invertidos (incluso los absolutos) puede buscarse una impresión sexual que los afectó en una época temprana de su vida y cuya consecuencia posterior fue la inclinación homosexual.

2. En muchos otros es posible señalar las influencias externas favorecedoras e inhibidoras que llevaron, en época más temprana o más tardía, a la fijación de la inversión (trato exclusivo con el mismo sexo, camaradería en la guerra, detención en prisiones, los peligros del comercio heterosexual, el celibato, la insuficiencia sexual, etc.).

3. La inversión puede eliminarse por vía de sugestión hipnótica, lo cual sería asombroso si se tratara de un carácter innato.

Así vistas las cosas, puede ponerse en tela de juicio la existencia misma de una inversión innata. Cabe objetar (Havelock Ellis, 1915) que un examen más preciso de los casos aportados en favor de la inversión innata probablemente traería colación también una vivencia de la primera infancia que fue determinante para la orientación de la libido. Esta vivencia no se habría conservado, simplemente, en la memoria conciente de la persona, pero sería posible hacérsela recordar mediante la influencia adecuada. De acuerdo con estos autores, la inversión sólo podría caracterizarse como una frecuente variación de la pulsión sexual, que puede estar determinada por cierto número de circunstancias vitales contextuales.

Sin embargo, la certeza que así parece haberse adquirido cesa por esta observación en contrario: se demuestra que muchas personas están sometidas a esas mismas influencias sexuales (incluso en la temprana juventud: seducción, onanismo mutuo) sin por ello convertirse en invertidas o permanecer indefinidamente invertidas. De lo cuál deducimos que la alternativa innata-adquirida es incompleta, o no comprende todos los casos que la inversión plantea.

Explicación de la inversión

La hipótesis de que la inversión es innata no explica su naturaleza, como no la explica la hipótesis de que es adquirida. En el primer caso, es necesario señalar qué es en ella lo innato; de lo contrario se caería en la explicación más grosera, a saber, que una persona trae consigo, innato, el enlace de la pulsión sexual con un objeto sexual determinado. En el otro caso, cabe preguntar sí las múltiples influencias accidentales alcanzan para explicar la adquisición sin la necesaria premisa esencialista (*Entgegenkommen*) de algo que ya existía en el individuo. Según nuestras anteriores puntualizaciones, no es correcto negar este último factor.

El recurso de la bisexualidad

Desde Lydston (1889) Kiernan (1888) y Chevalier (1893), se ha echado mano, para explicar la posibilidad de la inversión sexual, a una serie de ideas con las que no está conforme la opinión popular. Por ejemplo, la gente común piensa que un ser humano es simplemente hombre o mujer. Pero la ciencia conoce casos en que los caracteres sexuales aparecen confusos y por tanto resulta difícil determinar el sexo; en primer lugar, en el campo anatómico. Los genitales de estas personas reúnen caracteres masculinos y femeninos (hermafroditismo). En casos excepcionales, las dos clases de aparato sexual coexisten plenamente desarrolladas (hermafroditismo verdadero), pero, en la mayoría, ambas se encuentran atrofiadas.

Ahora bien, lo importante de estas anormalidades es que facilitan de pronto la comprensión de la formación normal. En efecto, cierto grado de hermafroditismo anatómico es la norma: en ningún individuo masculino o femenino de conformación normal se echan de menos las huellas del aparato del otro sexo; o bien han perdurado carentes de función, como unos órganos rudimentarios, o bien se han modificado para tomar sobre sí otras funciones.

La concepción que resulta de estos hechos anatómicos conocidos desde siempre es la de una disposición originariamente bisexual que, en el curso del desarrollo, se va alterando hasta llegar a la mono-sexualidad con mínimas truzas del sexo atrofiado.

Era atractivo transferir esta concepción al campo psíquico y comprender la inversión en sus distintas variedades como expresión de un hermafroditismo psíquico. Y para zanjar la cuestión sólo restaría una coincidencia regular entre la inversión y los signos anímicos y somáticos del hermafroditismo.

Sólo que esta expectativa natural no se cumple. No es lícito concebir tan estrechas las relaciones entre la psique híbrida supuesta y la anatomía híbrida comprobable. Lo que con frecuencia se encuentra en los invertidos es una disminución de la pulsión sexual en general (Havelock Ellis, 1915) y ligeras atrofias anatómicas de los órganos. A menudo, pero no de manera regular ni tampoco dominante. Es necesario admitir, por tanto, que inversión y hermafroditismo somático son, en líneas generales, independientes entre sí.

Además, se ha atribuido gran importancia a los caracteres sexuales llamados secundarios y terciarios y a su frecuente presencia en los invertidos (H. Ellis). También en esto hay mucho de cierto. Pero no es justo olvidar que los caracteres secundarios y terciarios de un sexo aparecen con muchísima frecuencia en el otro. En tales casos son prueba de algo híbrido, pero no por ello hay un cambio del objeto sexual en el sentido de una inversión.

El hermafroditismo psíquico ganaría en credibilidad si con la inversión del objeto sexual corriera paralelo al menos un vuelco de las otras propiedades anímicas, pulsiones y rasgos de carácter, hacia la variante que es peculiar del otro sexo. Pero semejante inversión del carácter sólo se encuentra con alguna regularidad en las mujeres invertidas. En los hombres, la más plena virilidad anímica es compatible con la inversión. De admitir la tesis de un hermafroditismo psíquico, es preciso agregar que sus exteriorizaciones en los diversos campos permiten individualizar sólo un escaso condicionamiento recíproco. Lo mismo vale, por lo demás, para la hibridez somática; según Halban (1903), también las atrofias de órganos particulares y los caracteres sexuales secundarios se ofrecen con bastante independencia recíproca.

La doctrina de la bisexualidad ha sido planteada en su variante más aguda por un abanderado de los invertidos masculinos: "Un cerebro femenino en un cuerpo masculino". Sólo que no sabemos nada de los caracteres de lo que sería un "cerebro femenino". Sustituir el problema psicológico por el anatómico es tan inútil como injustificado. El intento de explicación de Krafft-Ebing parece concebido con mayor exactitud que el de Ulrichs, pero en esencia no difiere de él; según Krafft-Ebing (1895), la disposición bisexual dota al individuo tanto de centros cerebrales masculinos y femeninos cuanto de órganos sexuales somáticos. Estos centros empiezan a desarrollarse en la época de la pubertad, las más de las veces bajo la influencia de las glándulas sexuales, que son independientes de ellos en cuanto a la disposición (constitucional). Pero sobre estos "centros" masculinos y femeninos hay que manifestar igual que lo que admitimos para el supuesto cerebro masculino y femenino. Mientras tanto, ni siquiera sabemos si nos está permitido suponer para las funciones sexuales unas localizaciones cerebrales delimitadas (centros) como las que conocemos, por ejemplo, para el lenguaje.

Tras estas elucubraciones, dos ideas permanecen en pie: en la inversión interviene de algún modo una disposición bisexual, sólo que no sabemos en qué consiste más allá de la conformación anatómica; además, entran en liza perturbaciones que afectan a la pulsión sexual en su desarrollo.

Objeto sexual de los invertidos

La teoría del hermafroditismo psíquico da por sentado que el objeto sexual de los invertidos es el contrario al normal. El hombre invertido sucumbiría, como la mujer, al atractivo que procede de las propiedades del cuerpo y del alma viriles; se sentiría a sí mismo como mujer y buscaría al hombre.

Pero aunque esto se refiera a toda una serie de invertidos, se encuentra muy lejos de significar un carácter general de la *inversión*. No existe ningún pero a que una gran parte de los invertidos masculinos han conservado el carácter psíquico de la virilidad, presentan relativamente pocos caracteres secundarios del otro sexo y en verdad buscan en su objeto sexual rasgos psíquicos femeninos. De otro modo sería incomprensible el hecho de que la prostitución masculina, que hoy como en la Antigüedad se ofrece a los invertidos, copie a las mujeres en todas las exteriorizaciones del vestido y los gestos; de no ser así, en efecto, semejante imitación agravaría el ideal de los invertidos. Entre los griegos, donde los hombres más viriles se encontraban entre los invertidos, es claro que lo que despertaba el amor del hombre por el efebo no era su carácter masculino, sino su parecido físico con la mujer, así como sus propiedades anímicas femeninas: debilidad de ánimo, timidez, necesidad de enseñanza y de ayuda. Tan pronto como el efebo se convierta en hombre, dejaba de ser un objeto sexual para el hombre y tal vez él mismo llegaba a ser amante de los efebos. Así pues, en este caso como en muchos otros, la meta sexual no es la misma en cuanto al sexo, sino que presenta los caracteres de ambos, acaso como un compromiso entre un impulso que aspira al hombre y otro que aspira a la mujer, siempre bajo la condición de la virilidad del cuerpo (de los genitales): por así decir, el reflejo de la propia naturaleza bisexual.

Más unívoca es la situación en el caso de la mujer: las invertidas activas presentan con particular frecuencia caracteres somáticos y anímicos viriles y desean feminidad en su objeto sexual. Sin embargo, un conocimiento más pormenorizado podría revelarnos también aquí la existencia de una mayor variedad.

Objetivo sexual de los invertidos

Es importante retener un hecho: en ningún caso puede hablarse de objetivo sexual único en el caso de la inversión. En los hombres, trato *per anum* e inversión no coinciden exactamente; la masturbación con idéntica frecuencia es el objetivo exclusivo, y las restricciones de la meta sexual, hasta llegar al puro desahogo afectivo, son más comunes en la homosexualidad que en el amor heterosexual. También entre las mujeres invertidas es variado el objetivo sexual; entre estas, el contacto con la mucosa bucal parece el objetivo más apetecido.

Conclusiones

Es cierto que el material presentado hasta aquí no nos habilita para esclarecer satisfactoriamente la génesis de la inversión, Sin embargo, podemos consignar que esta investigación nos permitió deducir algo que puede llegar a resultarnos más importante que la solución de la tarea indicada. Confesamos que concebíamos demasiado estrecho el enlace entre la pulsión sexual y el objeto sexual. La experiencia recogida con los casos considerados anormales nos enseña que entre pulsión sexual y objeto sexual no hay sino una soldadura, que corríamos el riesgo de dejar a un lado a causa de la regular correspondencia del cuadro normal, donde la pulsión parece traer consigo al objeto. Ello nos prescribe que debemos aflojar, en nuestra concepción, los lazos que hay entre pulsión y objeto. Es posible que, la pulsión sexual en sus comienzos sea es independiente de su objeto, y tampoco debe su origen a los encantos de este.

Personas genéticamente inmaduras y animales como objetos sexuales

Al tiempo que las personas cuyos objetos sexuales no pertenecen al sexo en general apto para ello, esto es, los *invertidos*, se muestran al observador como una colectividad de individuos quizá dignos de tener en cuenta en todos los demás aspectos, los casos en que se escogen como objetos sexuales personas genésicamente inmaduras (niños) parecen de entrada aberraciones individuales. Únicamente por excepción son los niños objetos sexuales exclusivos; casi siempre llegan a desempeñar este papel cuando un individuo cobarde e impotente se procura semejante sustitución o cuando una pulsión urgente (que no admite espera) no puede apropiarse en el momento de un objeto más idóneo. Sea como fuere, arroja luz sobre la naturaleza de la pulsión sexual el hecho de que admita una variación tan amplia y semejante rebaja de su objeto, el hambre, aferrada mucho más enérgicamente a su objeto, lo admitiría sólo en un caso extremo. Una observación parecida es válida para el comercio sexual con animales, no excepcional entre los campesinos, y en el cual la atracción sexual parece ir más allá de la barrera de la especie.

Por razones estéticas, se querría atribuir como enfermedad estos y otros extravíos graves de la pulsión sexual, pero no es correcto. La experiencia enseña que entre los "insanos" no se observan perturbaciones de la pulsión sexual diferentes de las halladas en personas sanas, en razas y en estamentos enteros, Así, el abuso sexual contra los niños se presenta con inquietante frecuencia en maestros y cuidadores, simplemente porque se les presenta la mejor oportunidad para ello. Los insanos manifiestan el desvío correspondiente sólo aumentado, tal vez, o, lo que reviste particular importancia, elevado a la categoría de práctica exclusiva y como sustituto -de la satisfacción sexual normal.

Obliga a reflexionar esta extraordinaria distribución de las variaciones sexuales en la gradación que va de la salud a la enfermedad mental. Yo opinaría que este hecho, que resta por explicar, indicaría que las mociones de la vida sexual se cuentan entre las menos dominadas por las actividades superiores del alma, incluso en las personas normales. Según mi experiencia, quien es mentalmente anormal en algún otro aspecto, por ejemplo en lo social o lo ético, lo es por lo general también en su vida sexual. Pero hay muchos que son anormales en su vida sexual, a pesar de lo cual en todos los otros campos responden a la norma y han recorrido en su persona el desarrollo de la cultura humana, cuyo punto más débil sigue siendo la sexualidad.

Sin embargo, como resultado más general de estas elucubraciones extraeríamos el siguiente: bajo gran cantidad de condiciones, y en un número sorprendentemente elevado de individuos, la clase y el valor del objeto sexual pasan a un segundo plano. Alguna otra cosa es lo esencial y lo constante en la pulsión sexual.

Desviaciones con respecto al objetivo sexual

La unión de los genitales se tiene por la meta sexual normal en el acto que se designa como *coito* y que conlleva el alivio de la tensión sexual y la extinción temporal de la pulsión sexual (satisfacción semejante a la saciedad en el caso del hambre). Sin embargo, ya en el acto sexual más normal hay atisbos de aquello que, si se desarrolla plenamente, trae consigo las aberraciones que han sido caracterizadas como *perversiones.* En efecto, ciertas formas intermedias de relacionarse con el objeto sexual (jalones en el camino hacia el coito), como el tocarlo y mirarlo, se reconocen como objetivos sexuales preliminares. Por una parte, estas prácticas traen consigo un placer en sí mismas; por la otra, aumentan la excitación que debe mantenerse hasta que se alcanza la meta sexual definitiva. Además, a uno de estos contactos, el de las dos mucosas labiales, se le ha otorgado en muchos pueblos (entre los que se cuentan los de más alta civilización) un gran porcentaje de valor sexual, por más que las partes corporales que intervienen no pertenezcan al aparato sexual, sino que constituyen la entrada del tubo digestivo. Esto nos trae consigo, entonces, aspectos que enlazan las perversiones a la vida sexual normal, aplicables incluso a la clasificación de aquellas. Las perversiones son, o bien:

a) "transgresiones" anatómicas respecto de las zonas del cuerpo destinadas a la unión sexual, o b) "demoras" en relaciones intermediarias con el objeto sexual, relaciones que normalmente se realizan con rapidez como jalones en el camino hacia la meta sexual definitiva.

Trasgresiones anatómicas

Sobrestimación del objeto sexual

El valor psíquico del que se hace partícipe al objeto sexual como objetivo deseado de la pulsión sexual sólo en los casos más singulares se circunscribe exclusivamente a sus genitales. En realidad abarca todo su cuerpo y tiende a incluir todas las sensaciones que parten del objeto sexual. La propia sobrestimación irradia al campo psíquico y se manifiesta como ceguera lógica (debilidad del juicio), respecto de los productos anímicos y de las perfecciones del objeto sexual, y también como obediencia ciega a los juicios que parten de este último. La credulidad del amor pasa a ser así una fuente importante, si no la fuente originaria de la "autoridad".

Y bien; esta sobrestimación sexual es lo que apenas tolera la restricción de la meta sexual a la unión de los genitales propiamente dichos y contribuye a elevar funciones relativas a otras partes del cuerpo a la condición de objetivos sexuales.

La importancia de este factor de la sobrestimación sexual puede estudiarse mejor en el hombre, cuya vida amorosa es la única que se ha hecho accesible a la investigación, mientras que la de la mujer permanece todavía envuelta en una oscuridad todavía impenetrable, en parte a causa de la atrofia cultural, pero en parte también por la reserva y la falta de sinceridad convencionales de las mujeres.

Uso sexual de la mucosa de los labios y de la boca

El uso de la boca como órgano sexual es considerado perversión cuando los labios (lengua) de una persona entran en contacto con los genitales de la otra, pero no cuando ambas ponen en contacto sus mucosas labiales. En esta última excepción reside el anudamiento con lo normal. Quien, considerándolas perversiones, abomina de las otras prácticas, usuales sin duda desde los tiempos originarios de la humanidad, a causa de un claro "sentimiento de asco" que le preserva de aceptar un objetivo sexual de esa clase. Empero, los límites de ese asco son frecuentemente puramente convencionales. El que besa con frenesí los labios de una bella muchacha quizás utilizaría con asco su cepillito de dientes, aunque no posea fundamento alguno para suponer que su propia cavidad bucal, que no le provoca asco, se encuentre más limpia que la de la muchacha. Este factor del asco frena el camino a la sobrestimación libidinosa del objeto sexual, pero a su vez puede ser vencido por la libido. En el asco se querría discernir uno de los poderes que han producido la restricción de la meta sexual. Ellos se detienen, por regla general, ante los genitales; pero no cabe duda que también los genitales del otro sexo, en sí y por sí, pueden constituir objeto de asco, y este comportamiento es una de las características de los histéricos (sobre todo de las mujeres). La fuerza de la pulsión sexual gusta de afirmarse venciendo este asco.

Uso sexual del orificio anal

En lo que atañe al uso del ano, se observa con mayor claridad todavía que en el caso anterior que es el asco lo que pone a este objetivo sexual el sello de la perversión. Pero no se me impute partidismo si observo que el hecho de que esta parte del cuerpo sirva a la excreción y entre en contacto con lo asqueroso, como con los excrementos, no es en sí el fundamento del asco, mucho más concluyente que el alegado por las muchachas histéricas para explicar su asco hacia los genitales masculinos: que sirven a la micción.

El papel sexual de la mucosa anal en manera alguna se restringe al comercio entre hombres; la predilección por él tampoco es característica de la sensibilidad de los invertidos. Al contrario, parece que la predilección del hombre debe su papel a la analogía que hacer con el acto en el caso de la mujer, mientras que la masturbación recíproca es el objetivo sexual dominante en el trato sexual de los invertidos.

Significancia de otros puntos del cuerpo

El desborde sexual hacia otros puntos del cuerpo, con todas sus variaciones, no presenta nada nuevo en principio; nada añade al conocimiento de la pulsión sexual, que en esto no hace sino manifestar su propósito de apoderarse del objeto sexual en todas sus dimensiones. Pero en las transgresiones anatómicas se anuncia, junto a la sobrestimación sexual, otro factor que es ajeno al conocimiento popular. Ciertos puntos del cuerpo, como las mucosas bucal y anal, que aparecen una y otra vez en estas prácticas, elevan el aliciente, por así decir, de ser considerados y tratados ellos mismos como genitales. Llegaremos a enterarnos de que este aliciente está justificado por el desarrollo de la pulsión sexual y es satisfecho en la sintomatología de ciertos estados patológicos.

Sustituto inapropiado del objeto sexual: Fetichismo

Un aspecto especial ofrecen los casos en que el objeto sexual normal es sustituido por otro que guarda relación con él, pero es totalmente inapropiado para ser utilizado por el objetivo sexual normal. Con miras a la clasificación, habría sido mejor que citásemos este grupo de aberraciones de la pulsión sexual, en muy interesante, ya al hablar de las desviaciones con respecto al objeto sexual. Pero lo pospusimos hasta tomar conocimiento del factor de la "sobrestimación sexual", del cual dependen estos fenómenos, que traen consigo un abandono del objetivo o meta final sexual.

El sustituto del objeto sexual es, en general, una parte del cuerpo muy poco adecuada a un fin sexual (el pie, los cabellos), o un objeto inanimado que mantiene una relación demostrable con la persona sexual, preferiblemente con la sexualidad de esta (prenda de vestir, ropa interior). Acertadamente se ha comparado este sustituto con los fetiches donde los salvajes ven encarnados a sus dioses.

Los casos en que se reclama al objeto sexual una condición fetichista para que pueda lograrse la meta sexual (determinado color de cabellos, ciertas ropas, incluso defectos físicos) constituyen la transición hacia los casos de fetichismo en que se renuncia a una meta sexual normal o perversa. Ninguna otra variante de la pulsión sexual que limite con lo patológico ha atraído tanto nuestro interés como aquella, a causa de los singulares fenómenos a que da lugar. Requisito previo en todos los casos parece ser cierta rebaja en la licitación por la meta sexual normal (debilidad ejecutoria del aparato sexual). El anudamiento con lo normal es procurado por la sobrestimación del objeto sexual, que es psicológicamente imprescindible; es inevitable que ella invada todo lo conectado con el objeto por asociación. Por tanto, cierto grado de este tipo de fetichismo pertenece regularmente al amor normal, en particular en las etapas del enamoramiento en que la meta sexual normal es inalcanzable o su cumplimiento parece postergado: "Procúrame un pañuelo de su seno, una liga para el amor que siento".

El caso patológico ocurre sólo cuando la aspiración al fetiche se fija, excediéndose de la condición mencionada, y remplaza al objetivo sexual normal; y además, cuando el fetiche se desprende de esa persona determinada y pasa a ser un objeto sexual independiente. Estas son las condiciones generales para que simples variaciones de la pulsión sexual se transformen en desviaciones patológicas.

En la elección del fetiche se manifiesta (Binet, 1888, fue el primero en argumentarlo y luego se documentó con profusión) la influencia porfiada de una impresión sexual recibida casi siempre en la primera infancia, que se puede equiparar con la proverbial pervivencia del primer amor en las personas normales (*"on revient toujours à ses premiers amours*"). Una derivación de esa clase es particularmente nítida en los casos que presentan un simple condicionamiento fetichista del objeto sexual. En otro lugar volveremos a encontrarnos con la significancia de las impresiones sexuales precoces.

En otros casos se trata de una conexión simbólica de pensamientos, las más de las veces no conciente para el individuo, la que ha llevado a sustituir el objeto por el fetiche. Los caminos de estas conexiones no siempre pueden señalarse con certeza (el pie es un símbolo sexual arcaico, ya en el mito; "la piel" debe sin duda su papel de fetiche a la asociación con la formación pilosa del *mons Veneris);* sin embargo, tampoco este simbolismo parece siempre independiente de vivencias sexuales de la infancia.

Fijaciones de objetivos sexuales provisionales

Surgimiento de nuevos propósitos

Todas aquellas condiciones externas e internas que dificultan la consecución de la satisfacción del objetivo sexual normal o la postergan (impotencia, alto precio del objeto sexual, peligros del acto sexual) refuerzan, y es natural que así sea, la inclinación a demorarse en los actos preliminares y a constituir a partir de ellos nuevos objetivos sexuales que pueden remplazar a las normales. Un examen más atento revela siempre que estos nuevos propósitos, incluso los más extraños aparentemente, ya están delimitados en el acto sexual normal.

Tocar y mirar

Al menos para los seres humanos, un cierto grado de la utilización del tacto parece necesario para el logro de la meta sexual normal. También es universalmente conocido qué fuente de placer, por un lado, y qué aflujo de nueva excitación, por el otro, se consigue de las sensaciones de contacto con la piel del objeto sexual. Por tanto, el retardar en el tocar, siempre que el acto sexual continue adelante, difícilmente puede contarse entre las perversiones.

Algo parecido sucede con el mirar, derivado en último análisis del tocar. La impresión óptica sigue siendo el camino más frecuente por el cual se despierta la excitación libidinosa. Y sobre la transitabilidad de ese camino se apoya (si es que se me permite este abordaje teleológico) la selección natural, en la medida en que hace desarrollarse al objeto sexual en el sentido de la belleza. La ocultación del cuerpo, que progresa junto con la cultura humana, mantiene despierta la curiosidad sexual, que aspira a completar el objeto sexual mediante el descubrimiento de las partes ocultas. Sin embargo, puede ser desviada ("sublimada") en el ámbito del arte, si uno puede apartar su interés de los genitales para dirigirlo a la forma del cuerpo como un todo.

La mayoría de las personas normales se retardan en cierto grado en esa meta intermedia que es el mirar teñido sexualmente. Y esto les da incluso la posibilidad de dirigir cierto grado de su libido a metas artísticas más elevadas. Por el contrario, el placer de ver se convierte en perversión cuando: a) se circunscribe con exclusividad a los genitales; b) se une a la superación del asco ("Voyeur"*:* el que mira a otro en sus funciones excretorias); o c) suplanta (*verdrängen*) a la meta sexual normal, en lugar de ser utilizado como preliminar. Este último caso es, sobre todo el de los exhibicionistas, quienes, si me es legal mencionarlo, tras numerosos análisis, enseñan sus genitales para que la otra parte les enseñe los suyos como contraprestación.

En la perversión cuya aspiración consiste en mirar y ser mirado sale a la luz un rasgo sorprendente, del que habremos de ocuparnos con mayor intensidad a raíz de la aberración que sigue: el objetivo sexual se presenta en doble configuración, en forma "activa" y "pasiva".

El poder que se contrapone al placer de ver y que llegado el caso es suprimido por este (como sucedía en el caso anterior con el asco) es la vergüenza.

Sadismo y masoquismo

La inclinación a infligir dolor al objeto sexual y su contrapartida, las más frecuentes e importantes de todas las perversiones, ha sido bautizada por Krafft-Ebing en sus dos configuraciones, la activa y la pasiva, como sadismo (activo) y masoquismo (pasivo). Otros autores (como Schrenck-Notzing,1899) prefieren la designación más estricta de "algolagnia", que destaca el placer por el dolor, la crueldad, mientras que los nombres escogidos por Krafft-Ebing ponen en primer plano el placer por cualquier clase de humillación y de sometimiento.

Es fácil buscar en las personas normales las raíces de la algolagnia activa, el sadismo. La sexualidad de la mayoría de los varones presenta un componente de *agresión,* de inclinación a someter, cuyo valor biológico quizá resida en la necesidad de vencer la resistencia del objeto sexual también por otro camino, no sólo por los actos del *cortejo.* El sadismo respondería, entonces, a un componente violento de la pulsión sexual, componente que se ha vuelto autónomo, exagerado, elevado por desplazamiento (o descentrarse) del objetivo o papel principal.

En el lenguaje corriente, el concepto de sadismo bascula entre una actitud meramente activa, o violenta, hacia el objeto sexual, hasta el sometimiento y el maltrato infligidos a este último como condición exclusiva de la satisfacción. En sentido estricto, sólo este segundo caso, exagerado, merece ser denominada perversión. De forma semejante, la designación «masoquismo» abarca todas las actitudes pasivas hacia la vida y el objeto sexuales, la más extrema de las cuales es el condicionamiento de la satisfacción al hecho de sufrir un dolor físico o anímico infligido por el objeto sexual. En cuanto perversión, el masoquismo parece alejarse de la meta sexual normal más que su contraparte; en primer lugar, puede ponerse en duda de que alguna vez aparezca primariamente; quizá nace, de manera regular, por trasformación a partir del sadismo. De tal forma puede reconocerse al masoquismo como una consecuencia del sadismo vuelto hacia la propia persona, la que en primera instancia hace las veces del objeto sexual. El análisis clínico de casos extremos de perversión masoquista nos hace ver la cooperación de una vasta serie de factores que exageran y fijan la originaria actitud sexual pasiva (complejo de castración, conciencia de culpa). El dolor, así superado, se alinea junto con el asco y la vergüenza, que se oponían a la libido en calidad de barreras.

Sadismo y masoquismo ocupan una posición particular entre las perversiones, pues la oposición entre actividad y pasividad que está en su base pertenece a los caracteres universales de la vida sexual.

La historia de la cultura humana nos muestra, fuera de toda duda, que crueldad y pulsión sexual se pertenecen mutuamente de la manera más íntima. Sin embargo para aclarar este lazo no se ha ido más allá de insistir en el componente agresivo de la libido. Según algunos autores, esa agresión que va mezclada con la pulsión sexual es ciertamente un resto de apetitos caníbales; sería, entonces, una coparticipación del aparato de conquista o apoderamiento, que sirve a la satisfacción de la otra gran necesidad, ontogenéticamente* más antigua. También se

* De ontogenia (onto y genia). Transformación de un ser vivo considerado individualmente en independencia de la especie.

ha sostenido que todo dolor contiene, en sí y por sí, la posibilidad de una sensación placentera. Aquí nos conformaremos con apuntar una impresión: la explicación sobre estas perversiones no ha sido en manera alguna satisfactoria, y es posible que en ellas varias aspectos psíquicos se añadan para crear un efecto único.

Ahora bien, la cualidad más llamativa de esta perversión se encuentra en que su forma activa y su forma pasiva habitualmente convergen juntas en una misma persona. El que siente placer en producir dolor a otro en una relación sexual es capaz también de gozar como placer del dolor que deriva de unas relaciones sexuales. Un sádico es siempre también al propio tiempo un masoquista, aunque uno de los dos aspectos de la perversión, el pasivo o el activo, puede haberse desarrollado en él con más fuerza y constituir su práctica sexual predominante.

Así, vemos que algunas de las inclinaciones perversas se presentan regularmente como "pares de opuestos", lo cual, por referencia a un material que señalaremos después, puede tener gran significación teórica. Es ilustrativo, además, que la existencia del par de opuestos sadismo-masoquismo no pueda derivarse sin más de la injerencia de un componente agresivo. Por el contrario, estaríamos tentados de poner en relación la presencia simultánea de esos opuestos con la oposición de lo masculino y lo femenino, conjugada en la bisexualidad; el psicoanálisis frecuentemente se ve obligado a remplazar esta última oposición por la que media entre activo y pasivo.

Consideraciones generales sobre todas las perversiones

Variación y enfermedad

Los médicos que primero estudiaron las perversiones en casos bien definidos y bajo circunstancias especiales se inclinaron, ciertamente, a atribuirles el carácter de un signo patológico o degenerativo, tal como hicieron respecto de la inversión; sin embargo, en el caso que nos atañe es más fácil rechazar este punto de vista. La experiencia diaria ha mostrado que la mayoría de estas transgresiones, siquiera las menos molestas de ellas, son un ingrediente de la vida sexual que excepcionalmente falta en las personas sanas, quienes las consideran como a cualquier otra intimidad. Si las circunstancias lo favorecen, también la persona normal puede remplazar durante todo un período la meta sexual normal por una perversión de esta clase o hacerle un sitio junto a aquella. En ninguna persona sana faltará algún complemento de la meta sexual normal que podría llamarse perverso, y esta universalidad basta por sí sola para mostrar cuán improcedente es usar como censura el nombre de perversión. En el campo de la vida sexual, justamente, se tropieza con dificultades particulares, en verdad insolubles hasta el momento, si se pretende trazar una frontera tajante entre lo que es pura variación dentro de la amplitud fisiológica y los síntomas patológicos.

De una o de otra manera en muchas de estas perversiones la cualidad de la nueva meta sexual es tal que requiere una apreciación particular. Algunas de ellas se alejan tanto de lo normal por su contenido que no podemos menos que declararlas "patológicas", en especial aquellas en que la pulsión sexual realiza extrañas operaciones (lamer excrementos, abusar de cadáveres) superando las resistencias (vergüenza, asco, horror, dolor). Pero ni aun así puede abrigarse la expectativa cierta de que se trate regularmente de personas con otras anormalidades graves, o enfermos mentales. Tampoco aquí es posible pasar por alto el hecho de que personas que en todo lo demás tienen una conducta normal se acreditan como enfermas solamente en el campo de la vida sexual, bajo el imperio de la más indómita de las pulsiones. En cambio, la anormalidad manifiesta en otras relaciones vitales suele mostrar invariablemente un trasfondo de conducta sexual anormal.

En la mayoría de los casos podemos hallar en la perversión un carácter enfermizo, no por el contenido de la nueva meta u objetivo sexual, sino por su proporción de desviación con respecto de lo normal. Si la perversión no se presenta "junto" a lo normal (objeto sexual y objetivo o meta sexual) cuando circunstancias favorables la motivan y otras desfavorables impiden lo normal, sino que "suplanta" (*verdrängen*) y "sustituye" a lo normal en todas las circunstancias, consideramos legítimo casi siempre juzgarla como un síntoma patológico; vemos este último, por tanto, en la "exclusividad" y en la "fijación" de la perversión.

La contribución de lo anímico en las perversiones

Puede ser que precisamente en las más espantosas perversiones es preciso admitir la más vasta contribución psíquica a la trasmudación de la pulsión sexual. He aquí una obra del trabajo anímico a la que no puede negarse, a pesar de su espantoso resultado, el valor de una idealización de la pulsión. Tal vez en ninguna parte la omnipotencia del amor se muestre con mayor fuerza que en estos desvíos suyos. En la sexualidad, lo más sublime y lo más horrible aparecen por doquier en íntima dependencia ("Desde el cielo, pasando por el mundo, hasta el infierno").

Dos resultados

El estudio de las perversiones nos ha traido esta intelección: la pulsión sexual tiene que luchar contra ciertos poderes anímicos en calidad de barreras; entre ellos, se destacan de la manera más nítida la vergüenza y el asco. Es lógico elucubrar que estos poderes han contribuido a acortar la pulsión dentro de las fronteras admitidas normales, y que si se han desarrollado temprano en el individuo, antes que la pulsión sexual alcanzara la plenitud de su fuerza, fueron justamente ellos los que fijaron la dirección de su desarrollo.

Hemos comprobado, además, que algunas de las perversiones investigadas sólo podían comprenderse por la conjunción de varias causas. Si admiten un análisis, una descomposición, tienen que ser de naturaleza compuesta. De ahí podemos elucubrar que quizás la pulsión sexual no es algo simple, sino que consta de componentes que en las perversiones vuelven a disociarse. La clínica nos habría revelado así la existencia de unas "fusiones" que no se dan a conocer como tales en la conducta normal uniforme.

La pulsión sexual en los neuróticos

El psicoanálisis

Una importante contribución al conocimiento de la pulsión sexual en personas que por lo menos se aproximan a lo normal se obtiene de una fuente asequible por un único y especial camino.

Para lograr una información exhaustiva y veraz acerca de la vida sexual de los llamados psiconeuróticos (los que sufren de histeria, neurosis obsesiva, la falsamente llamada neurastenia, con seguridad también la *dementia praecox y la* paranoia) existe un único medio: someterlos a la exploración psicoanalítica, de la que se sirve el procedimiento terapéutico introducido por Josef Breuer y por mí en 1893, y entonces llamado "catártico".

Debo anticipar, ratificando lo que he dicho en otras publicaciones, que estas psiconeurosis, hasta donde llegan mis experiencias, descansan en fuerzas o pulsiones de carácter sexual.

Con ello no deseo afirmar que la energía de la pulsión sexual preste una simple contribución a las fuerzas que sustentan a los fenómenos patológicos (síntomas), sino aseverar expresamente que esa participación es la única fuente energética constante de las neurosis, y la más importante, de forma que la vida sexual de las personas afectadas se exterioriza de manera exclusiva, o predominante, o sólo parcial, en estos síntomas. Como he expresado en otro lugar, los síntomas son la práctica sexual de los enfermos. La prueba de esta afirmación me la ha brindado un creciente número de psicoanálisis de histéricos y de otros neuróticos, que vengo realizando desde hace veinticinco años, acerca de cuyos resultados he dado cuenta pormenorizada en otros lugares, y seguiré haciéndolo.

El psicoanálisis elimina los síntomas de los histéricos bajo la proposición de que son el sustituto, la trascripción, por así decirlo, de una serie de procesos anímicos investidos de afecto, deseos y aspiraciones, a los que en virtud de un particular proceso psíquico (la "represión") se les ha denegado (frustrado) el acceso a su tramitación en una actividad psíquica consciente. Y entonces, estas formaciones de pensamiento que han quedado relegadas al estado de lo inconciente aspiran a una expresión proporcionada a su valor afectivo, a una "descarga", y en el caso de la histeria la encuentran en el proceso de la "conversión" en fenómenos somáticos: precisamente, los síntomas histéricos. Ahora bien, siguiendo ciertas reglas, con ayuda de una técnica particular, es posible retransformar los síntomas en representaciones ahora convertidas conscientes, investidas de afecto; y así se consigue la aclaración más exacta acerca de la naturaleza y el linaje de estas formaciones psíquicas antes inconscientes.

Resultados logrados por el psicoanálisis

Por este camino se averiguó que los síntomas son un sustituto de aspiraciones que obtienen su fuerza de la fuente de la pulsión sexual. Se halla plenamente en consecuencia con ello lo que sabemos sobre el carácter de los histéricos (los tomamos como modelo de todos los psiconeuróticos) antes de contraer su enfermedad, y sobre las ocasiones de esta última. El carácter histérico permite acortar una cuota de *represión sexual* que sobrepasa con mucho la medida normal; un aumento de las resistencias a la pulsión sexual, resistencias que conocimos como vergüenza, asco y moral; una especie de huida instintiva frente a todo examen intelectual del problema sexual, que en los casos más graves tiene por consecuencia mantener una total ignorancia sexual incluso después de alcanzada la madurez en este sentido.

Este rasgo de carácter, fundamental en la histeria, frecuentemente se oculta a la observación superficial por la presencia del segundo factor constitucional de la histeria: el despliegue híper potente de la pulsión sexual; sólo el análisis psicológico sabe descubrirlo en todos los casos y solucionar lo incomprensible y contradictorio de la histeria comprobando la existencia de ese par de opuestos: una necesidad sexual hipertrófica y una desautorización de lo sexual exagerada.

La ocasión de enfermar adviene para la persona de disposición histérica cuando, a consecuencia de su propia y progresiva maduración o de las circunstancias coyunturales de su vida, porque entonces el reclamo sexual objetivo se torna algo muy serio para ella. Entre el esforzar de la pulsión y la acción que contrarreste la desautorización sexual se sitúa el recurso a la enfermedad; esta no da una solución al conflicto, sino que es un intento de escapar a él mudando las aspiraciones libidinosas en síntomas. El hecho de que una persona histérica, por ejemplo un hombre, enferme a raíz de una emoción trivial, de un conflicto en cuyo centro no se sitúa el interés sexual, no es más que una excepción aparente. En tales casos, el psicoanálisis puede demostrar con regularidad que fue el componente sexual del conflicto el que hizo posible la contracción de la enfermedad sustrayendo los procesos anímicos a la tramitación normal.

Neurosis y perversión

Una buena parte de la oposición que han provocado estas tesis mías se explica por el hecho de que se hace coincidir la sexualidad, de la cual derivo los síntomas psiconeuróticos, con la pulsión sexual normal. Pero el psicoanálisis enseña todavía algo más. Muestra que los síntomas no nacen de ninguna manera exclusivamente a expensas de la pulsión sexual llamada "normal" (no, al menos, de forma exclusiva o predominante), sino que constituyen la expresión convertida (konvertiert) de pulsiones que se designarían "perversas" (en el sentido más flojo) si éstas pudieran exteriorizarse directamente, sin difracción de la consciencia, en aras de la fantasía y en acciones reales. Por tanto, los síntomas se forman en parte a expensas de una sexualidad "anormal"; la "neurosis" es, por así decirlo, "el negativo de la perversión".

La pulsión sexual de los psiconeuróticos permite averiguar todas las aberraciones que en lo anterior hemos estudiado como variaciones respecto de la vida sexual normal, y también como manifestaciones de la patológica.

a. En la vida anímica inconciente de todos los neuróticos (sin excepción) se encuentran impulsos de inversión, de fijación de la libido en personas del mismo sexo. Sin una aclaración que cale hondo no es posible apreciar como corresponde la importancia de este factor para la configuración del cuadro patológico; sólo puedo asegurar que la inclinación inconsciente a la inversión nunca falta y, en particular, presta los mayores servicios para revelar el secreto de la histeria masculina.

b. En el inconciente de los psiconeuróticos pueden investigarse, como formadoras de síntoma, todas las inclinaciones a la trasgresión anatómica; entre ellas, con particular frecuencia e intensidad, las que reclaman para las mucosas bucal y anal el papel de los genitales.

c. Entre los formadores de síntoma de las psiconeurosis desempeñan un papel relevante las pulsiones parciales, que las más de las veces se presentan en pares de opuestos; ya tomamos conocimiento de ellas como promotoras de nuevas metas sexuales: la pulsión del placer de ver y de la exhibición, y la pulsión a la crueldad, configurada activa y pasivamente. La contribución de esta última se hace indispensable para comprender la naturaleza. De los síntomas, y casi regularmente gobierna una parte de la conducta social de los enfermos.

Por medio de este enlace de la libido con la crueldad se produce también el cambio de amor en odio, de impulsos tiernos en impulsos contrarios, característica de toda una serie de casos de neurosis e incluso, al parecer, de la paranoia en su totalidad. El interés por estos resultados aumenta más todavía si se tienen en cuenta algunas particularidades que presenta el material relativo a los hechos:

a. Toda vez que se descubre en el inconciente una pulsión de esa clase, susceptible de ir acompañada con un opuesto, por regla general puede demostrarse que también este último produce efectos. Por tanto, toda perversión «activa» se ofrece aquí por su contraparte pasiva. Quien en el inconciente es exhibicionista, es al mismo tiempo *voyeur*; quien padece las consecuencias de la represión de mociones sádicas, recibe otro suplemento a sus síntomas de una inclinación *masoquista*. Es por cierto muy notable la concordancia con la conducta de las correspondientes perversiones «positivas»; pero en los cuadros patológicos, una u otra de las inclinaciones opuestas desempeña el papel predominante.

b. En un caso de psiconeurosis más acusado, rara vez se encuentra una sola de estas pulsiones perversas: las más de las veces hallamos un gran número de ellas y, por regla general, huellas de todas. Empero, la intensidad de cada pulsión singular es independiente del desarrollo de las otras. También en este punto el estudio de las perversiones "positivas" nos proporciona la exacta contrapartida. Pulsiones parciales y zonas erógenas.

Si compendiamos lo que la investigación de las perversiones positivas y negativas nos ha permitido encontrar, resulta interesante reconducirlas a una serie de "pulsiones parciales" que, sin embargo, no son algo primario, pues admiten una posterior división. Por "pulsión" podemos entender al comienzo nada más que la agencia representante psíquica de una fuente de estímulos intrasomática en continuo fluir; ello a diferencia del "estímulo", que es producido por excitaciones singulares provenientes de fuera. Así, "pulsión" es uno de los conceptos de la separación de lo anímico respecto de lo corporal. La hipótesis más simple y lógica acerca de la naturaleza de las pulsiones es como sigue: en sí no poseen cualidad alguna, sino que han de considerarse sólo como una medida de exigencia de trabajo para la vida anímica. Lo que distingue a las pulsiones unas de otras y las dota de propiedades específicas es su relación con sus *fuentes* somáticas y con sus "objetivos". La fuente de la pulsión es un proceso estimulador en el interior de un órgano, y su objetivo inmediato consiste en cancelar ese estímulo del órgano.

Otra hipótesis provisional en la *doctrina de las pulsiones*, que no podemos silenciar aquí, se produce de esta forma: los órganos del cuerpo brindan excitaciones de dos clases, basadas en diferencias de naturaleza química. A una de estas clases de excitación la designamos como la específicamente sexual, y al órgano afectado, como la "zona erógena" de la pulsión parcial sexual que procede de él.

En el caso de las inclinaciones perversas que reclaman valor (*Bedeutung*) sexual para la cavidad bucal y la abertura anal, el papel de la zona erógena es visible sin más. En todo el proceso se comporta como una parte del aparato genital. En el caso de la histeria, estos lugares del cuerpo y los tractos de mucosa que arrancan de ellos se convierten en la sede de nuevas sensaciones y alteraciones de las neuronas, e incluso de procesos comparables a la erección, en un todo similares a las de los genitales verdaderos bajo las excitaciones de los procesos sexuales normales.

Entre las psiconeurosis, es en la histeria donde resalta más clara la significación de las zonas erógenas como aparatos colaterales y complementarios de los genitales; pero ello no trae consigo afirmar que deban subestimarse en las otras formas de enfermedad. En estas (neurosis obsesiva, paranoia) es solamente menos notoria, pues la formación de síntoma se da en regiones del aparato anímico más alejadas de los diversos centros que gobiernan al cuerpo. En la neurosis obsesiva, lo más llamativo es la importancia de los estímulos, que provocan nuevas metas u objetivos sexuales y parecen independientes de las zonas erógenas. Sin embargo, en el placer de ver y de exhibirse, el ojo corresponde a una zona erógena; en cuanto al dolor y la crueldad como componentes de la pulsión sexual, es la piel la que adopta semejante papel: la piel, que en determinados lugares del cuerpo se ha diferenciado en los órganos de los sentidos y se ha modificado hasta constituir una mucosa, y que es, por tanto, la zona erógena (*cat exochu*) por excelencia. Explicación de la aparente dominio de la sexualidad perversa en el caso de las psiconeurosis.

Los casos precedentes pueden haber puesto bajo una luz falsa la sexualidad de los psiconeuróticos. Quizá sugirieron que, en virtud de su disposición, ellos se aproximan mucho a los perversos por su conducta sexual, alejándote de los normales en la misma medida. Ahora bien, es muy posible que la disposición constitucional de estos enfermos contenga, junto a un grado hipertrófico de represión sexual y a una híper potencia de la pulsión sexual, una desacostumbrada inclinación a la perversión en el sentido más extenso. Sin embargo, la investigación de casos más moderados revela que este último supuesto no es indispensable, o que al menos en el juicio sobre sus efectos patológicos tiene que restarse la acción de otro factor. En la mayoría de los psiconeuróticos, la enfermedad se contrae únicamente después de la pubertad y bajo las llamadas de la vida sexual normal; en contra de esta apunta, sobre todo, la represión. O bien se la contrae más tardíamente, cuando fracasan las vías normales de satisfacción de la libido.

En uno u otro caso, la libido se comporta como una corriente cuyo cauce principal queda segado; llena entonces las vías colaterales que hasta entonces probablemente habían permanecido vacías. Así, la inclinación, en apariencia tan grande, de los psiconeuróticos a la perversión (la inclinación negativa, es cierto) puede estar condicionada colateralmente; y en todo caso, su acrecentamiento tiene que ser secundario. El hecho es, justamente, que es preciso alinear la represión sexual, en calidad de factor interno, junto con los factores externos que, como la restricción de la libertad, la inaccesibilidad del objeto sexual normal, los peligros que comporta aparejado el acto sexual normal, etc., generan perversiones en individuos que de lo contrario quizás habrían seguido siendo normales.

En distintos casos de neurosis las proporciones pueden variar en esto; una vez, lo decisivo será la fuerza innata de la inclinación perversa, otra, su acrecentamiento colateral por retracción de la libido de la meta y objeto sexuales normales. Sería equivocado suponer una oposición donde existe un lazo de cooperación. La neurosis obtendrá siempre sus máximos logros cuando la constitución y el vivenciar cooperen en la misma dirección. Una constitución pronunciada podrá quizá prescindir del apoyo de impresiones vitales, y quizás una extensa conmoción vital provocará la neurosis incluso en una constitución ordinaria. Por lo demás, estos puntos de vista valen de igual manera en otros campos respecto de la significancia etiológica de lo innato y de las vivencias accidentalmente adquiridas.

Pero si se prefiere la hipótesis de que una inclinación particularmente marcada a las perversiones es una de las peculiaridades de la constitución psiconeurótica, se abre la perspectiva de poder diferenciar una gama de tales constituciones según el dominio innato de esta u otra zona erógena, de esta u otra pulsión parcial. Y, como ocurre tantas veces en este campo, no se ha investigado todavía si la disposición perversa guarda una especial correspondencia con la manera que poseemos de elegir lo que es una enfermedad.

Referencia al infantilismo de la sexualidad

Con la indagación de los impulsos perversos en cuanto formadoras de síntoma en las psiconeurosis hemos elevado en grado sumo el número de hombres a quienes podría calificarse de perversos. No sólo los propios neuróticos constituyen una clase muy numerosa; también ha de tenerse en cuenta que desde todas las formas de neurosis pueden establecerse series escalonadas, sin solución de continuidad, hasta la salud. Por eso pudo decir Moebius, con buenos fundamentos, que todos somos un poco histéricos. Así, la extraordinaria difusión de las perversiones nos fuerza a suponer que tampoco la disposición para ellas es una rara particularidad, sino que tiene que constituir parte de la considerada normal.

Es opinable, según expresamos, que las perversiones se remonten a condiciones innatas o nazcan, tal como lo supuso Binet respecto del fetichismo, en virtud de vivencias coyunturales. Ahora se nos ofrece esta resolución del dilema: en la base de las perversiones hay en todos los casos algo innato, pero *algo que es innato en todos los seres humanos,* por más que su intensidad fluctúe y pueda con el tiempo ser aumentada por influencias vitales. Se trata de unas raíces innatas de la pulsión sexual, ofrecidas en la constitución misma, que en una serie de casos (perversiones) se desenvuelven hasta convertirse en los portadores reales de la actividad sexual, otras veces experimentan un ahogo (represión) insuficiente, a raíz de lo cual pueden atraer a sí mediante una perífrasis, en calidad de síntomas patológicos, una parte notable de la energía sexual, mientras que en los casos más favorecidos, situados entre ambos extremos, permiten, gracias a una restricción eficaz y a algún otro procesamiento, la génesis de la vida sexual tenida como normal.

Pero hemos de concluir, también, que esa presunta constitución que exhibe los gérmenes de todas las perversiones únicamente podrá rastrearse en el niño, aunque en él todas las pulsiones puedan emerger sólo con intensidad moderada. Vislumbramos así una fórmula: los neuróticos han conservado el estado infantil de su sexualidad o han sido enviados a él. De esta manera, nuestro interés se dirige a la vida sexual del niño; estudiaremos el juego de influencias en virtud del cual el proceso de desarrollo de la sexualidad infantil desemboca en la perversión, en la neurosis o en la vida sexual normal.

2. La sexualidad infantil

El descuido de lo infantil

Es propio de la opinión popular sobre la pulsión sexual la afirmación de que ella falta en la infancia y sólo despierta en el período de la vida llamado pubertad. No es este un error cualquiera: comporta graves consecuencias, pues es el principal culpable de nuestra presente ignorancia acerca de los fundamentos de la vida sexual. Un estudio a fondo de las manifestaciones sexuales de la infancia nos revelaría quizás los rasgos fundamentales de la pulsión sexual, dejaría traslucir su desarrollo y mostraría que está compuesta por diversas fuentes.

Cosa relevante: los autores que se han ocupado de explicar las propiedades y reacciones del individuo adulto pusieron mayor atención a la prehistoria constituida por la vida de los antepasados (vale decir, atribuyeron una influencia mucho más grande a la herencia) que a la otra prehistoria, la que se presenta ya en la existencia individual: la infancia. Y eso que, según debería suponerse, la influencia de este período de la vida resulta más fácil de comprender, y tendría títulos para ser considerada antes que la de la herencia. Es cierto que en la bibliografía hallamos ocasionales noticias sobre una práctica sexual temprana en niños pequeños, acerca de erecciones, de la masturbación e incluso de acciones parecidas al coito. Pero se las menciona siempre como procesos raros, como curiosidades o como terribles ejemplos de temprana concupiscencia. Que yo sepa, ningún autor ha reconocido con claridad que la existencia de una pulsión sexual en la infancia posee el carácter de norma. Y en los escritos, ya numerosos, acerca del desarrollo del niño, casi siempre se silencia tratar el desarrollo sexual.

Amnesia infantil

La razón de este sorprendente descuido la encuentro, en parte, en los reparos convencionales de los autores a consecuencia de su propia educación, y en parte en un fenómeno psíquico que hasta ahora se ha escapado a toda explicación. Me refiero a la peculiar amnesia que en la mayoría de los seres humanos (¡no en todos!) cubre los primeros años de su infancia, hasta el sexto o el octavo año de vida. Hasta ahora no se nos ha ocurrido sorprendernos frente al hecho de esa amnesia; pero aportaríamos buenas razones para ello. En efecto, se nos informa que en esos años, de los que después no conservamos en la memoria sino unos jirones inconexos, reaccionábamos con vivacidad frente a las impresiones, sabíamos exteriorizar dolor y alegría de una manera humana, mostrábamos amor, celos y otras pasiones que nos agitaban entonces con fuerza, e incluso pronunciábamos frases que los adultos registraron como buenas pruebas de penetración y de una incipiente capacidad de juicio. Y una vez adultos, nada de eso conocemos por nosotros mismos. ¿Por qué nuestra memoria quedó tan retrasada respecto de nuestras otras actividades anímicas? Máxime cuando tenemos fundamento para creer que en ningún otro período de la vida la capacidad de reproducción y de recepción es mayor, precisamente, que en los años de la infancia.

De otro modo, tenernos que suponer -o podemos convencernos de ello merced a la indagación psicológica de otras personas- que esas mismas impresiones que hemos olvidado dejaron, no obstante, las más profundas huellas en nuestra vida interior y pasaron a ser determinantes para todo nuestro desarrollo posterior. No puede tratarse, pues, de una desaparición real de las impresiones infantiles, sino de una amnesia parecida a la que observamos en los neuróticos respecto de vivencias posteriores y cuya esencia consiste en un puro apartamiento de la conciencia (represión). Ahora bien, ¿cuáles son las fuerzas que traen consigo esta represión de las impresiones infantiles? Quien solucione este enigma habrá esclarecido al mismo tiempo la amnesia histérica.

Sea como fuere, no dejaremos de destacar que la existencia de la amnesia infantil proporciona otro punto de comparación entre el estado anímico del niño y el del psiconeurótico. Ya encontramos un punto similar cuando se nos impuso la fórmula de que la sexualidad de los psiconeuróticos conserva el estado infantil o ha sido remitida a él. ¿Y si la amnesia infantil misma debiera ponerse en relación con los impulsos sexuales de la infancia?

Ciertamente, resulta algo más que un puro juego de ingenio relacionar la amnesia infantil con la histérica. Esta última, que se halla al servicio de la represión, sólo se vuelve explicable por la circunstancia de que el individuo ya posee un cúmulo de huellas en la memoria que se han escapado a su asequibilidad conciente y que ahora, por medio de una ligazón asociativa, arrastran hacia sí aquello sobre lo cual actúan, desde la conciencia, las fuerzas repulsoras de la represión. Sin amnesia infantil, señalaríamos, no habría amnesia histérica. En mi opinión, pues, la amnesia infantil, que convierte la infancia de cada individuo en un tiempo anterior, por así decir prehistórico, y le oculta los comienzos de su propia vida sexual, es la culpable de que no se haya concedido valor al período infantil en el desarrollo de la vida sexual. Un solo observador no puede llenar las lagunas que ello ha generado en nuestro conocimiento. Ya en 1896 destaqué la relevancia de los años infantiles para la génesis de ciertos importantes fenómenos, dependientes de la vida sexual, y después no he cesado de traer al primer plano el factor infantil de la sexualidad.

El período de latencia sexual de la infancia y sus rupturas

Los hallazgos extraordinariamente frecuentes de impulsos sexuales que se pensaban que eran excepciones y casos atípicos en la infancia, así como la revelación de los recuerdos infantiles de los neuróticos, hasta entonces inconcientes permiten probablemente trazar el siguiente cuadro de la conducta sexual en ese período: Parece seguro que el neonato trae consigo gérmenes de mociones sexuales que siguen desarrollándose durante cierto periodo, pero después sufren una progresiva represión; esta, a su vez, puede ser rota por oleadas regulares de avance del desarrollo sexual o suspendida por cualidades diferenciadoras. Nada seguro se conoce acerca del carácter legal y la periodicidad de esta vía vacilante de desarrollo. Parece, sin embargo, que casi siempre hacia el tercero o cuarto año de vida del niño su sexualidad se expresa en una forma accesible a la observación.

Las inhibiciones sexuales

Durante este período de latencia total o sólo parcial se edifican los poderes anímicos que más tarde se presentarán como represiones en el camino de la pulsión sexual y estrecharán su curso a semejanza de unos diques (el asco, el sentimiento de vergüenza, los reclamos ideales en lo estético y en lo moral). En el niño civilizado se posee la impresión de que el establecimiento de esos diques es obra de la educación, y ciertamente ella contribuye en mucho. Pero en realidad este desarrollo es de condicionamiento orgánico, fijado hereditariamente, y llegado el caso puede originarse sin ninguna ayuda de la educación. Esta última se atiene por entero a la esfera de competencia que se le ha asignado cuando se limita a marchar tras lo prefijado orgánicamente, imprimiéndole un cuño algo más ordenado y profundo.

Formación reactiva y sublimación

¿Con qué medios se realizan estas construcciones tan importantes para la cultura personal y la normalidad posteriores del individuo? Probablemente a expensas de los impulsos sexuales infantiles, cuyo aflujo no ha cesado, pues, ni tan sólo en este periodo de latencia, pero cuya energía -en su totalidad o en su mayor parte- es desviada del uso sexual y aplicada a otros fines. Los historiadores de la cultura parecen concordes en suponer que mediante esa desviación de las fuerzas pulsionales sexuales de sus objetivos, y su orientación hacia objetivos nuevos (un proceso que merece el nombre de sublimación), se adquieren poderosos componentes para todos los logros culturales. Agregaríamos, entonces, que un proceso igual tiene lugar en el desarrollo del individuo, y situaríamos su inicio en el período de latencia o tranquilidad sexual de la infancia (sin que los síntomas hayan desaparecido).

Puede, asimismo, aventurarse una conjetura acerca del mecanismo de tal sublimación. Las mociones sexuales de estos años infantiles serían, por una parte, inaplicables, pues las funciones de la reproducción están diferidas, lo cual constituye el carácter principal del período de latencia; por otra parte, serían en sí perversas, esto es, partirían de zonas erógenas y se sustentarían en pulsiones que dada la dirección del desarrollo del individuo sólo provocarían sensaciones de disgusto. Por eso suscitan fuerzas anímicas contrarias (impulsos reactivos) que construyen, para la eficaz sofocación de ese disgusto, los citados diques psíquicos: asco, vergüenza y moral.

Rupturas del período de latencia

Sin hacernos ilusiones en cuanto a la naturaleza hipotética y a la insuficiente claridad de nuestras especulaciones sobre los procesos del período infantil de latencia o de diferimiento, volvamos a traer a colación la realidad para indicar que ese empleo de la sexualidad infantil constituye un ideal pedagógico del cual el desarrollo del individuo se aparta casi siempre en algunos puntos, y frecuentemente en medida considerable. De vez en cuando adviene un bloque de exteriorización sexual que se ha escapado a la sublimación, o cierta práctica sexual se conserva durante todo el período de latencia hasta el estallido reforzado de la pulsión sexual en la pubertad. Los educadores, en la medida en que prestan alguna atención a la sexualidad infantil, se comportan como si compartieran nuestras opiniones acerca de la formación de los poderes de defensa morales a expensas de la sexualidad, y como si supieran que la práctica sexual hace ineducable al niño; en efecto, persiguen como «vicios» todas las manifestaciones sexuales del niño, aunque sin conseguir mucho contra ellas. Ahora bien, nosotros tenemos fundamento para interesarnos en estos fenómenos temidos por la educación, pues esperamos que ellos nos aclaren la conformación originaria de la tensión sexual.

Las exteriorizaciones de la sexualidad infantil:

El chupeteo

Por motivos que después se verán, tomaremos como modelo de las exteriorizaciones sexuales infantiles el chupeteo (el mamar con deleite), al que el pediatra húngaro Lindner ha consagrado un luminoso estudio (1879).

El chupeteo (Ludeln o Lutschen), que aparece ya en el lactante y puede conservarse hasta la madurez o persistir toda la vida, consiste en un contacto de succión con la boca (los labios), repetido rítmicamente, que no tiene por fin la nutrición. Una parte de los propios labios, la lengua, un lugar de la piel que esté al alcance -incluso el dedo gordo del pie-, son tomados como objeto sobre el cual se ejecuta la acción de mamar. Un impulso de prensión que emerge al mismo tiempo suele manifestarse mediante un simultáneo tironeo rítmico del lóbulo de la oreja y el apoderamiento de una parte de otra persona (casi siempre de su oreja) con el mismo fin. La acción de mamar con deleite cautiva por entero la atención y lleva al adormecimiento o incluso a una reacción motriz en una especie de orgasmo. No es extraño que el mamar con fruición se combine con el frotamiento de ciertos lugares sensibles del cuerpo, el pecho, los genitales externos. Por este camino, muchos niños pasan del chupeteo a la masturbación.

El propio Lindner ha puesto de relevancia la naturaleza sexual de esta acción y la ha destacado sin reparos.

En la crianza, el chupeteo es equiparado con frecuencia a las otras «malas costumbres» sexuales del niño. Muchos pediatras y neurólogos han objetado con energía esta concepción; pero en parte su objeción descansa, sin duda alguna, en la confusión de «sexual» con «genital». Esa confusión plantea una cuestión difícil e inevitable: ¿Cuál es el carácter universal de las exteriorizaciones sexuales del niño, que nos permitiría reconocerlas? Opino que la concatenación de fenómenos que gracias a la indagación psicoanalítica hemos podido sacar a la luz nos autoriza a considerar el chupeteo como una exteriorización sexual, y a estudiar justamente en él los rasgos esenciales de la práctica sexual infantil.

Autoerotismo

Tenemos la obligación de considerar con mayor detención este ejemplo. Destaquemos, como el carácter más llamativo de esta práctica sexual, el hecho de que este impulso no está dirigida a otra persona; se satisface en el cuerpo propio, es autoerótica, para decirlo con una feliz designación introducida por Havelock Ellis [1898].

Es evidente, además, que la acción del niño chupeteador se rige por la búsqueda de un placer -ya vivenciado, y ahora recordado- Así, en el caso más sencillo, la satisfacción se consigue mamando rítmicamente una parte de la piel o de mucosa. Es fácil deducir también las ocasiones que brindaron al niño las primeras experiencias de ese placer que ahora aspira a renovar. Su primera actividad, la más importante para su vida, el mamar del pecho materno (o de sus subrogados), no pudo menos que familiarizarlo con ese placer. Diríamos que los labios del niño se comportaron como«una zona erógena, y la estimulación por el cálido aflujo de leche fue la causa de la sensación placentera. En su juicio, claro está, la satisfacción de la zona erógena se asoció con la satisfacción de la necesidad de alimentarse. El quehacer sexual se apoya (anlehnen) primero en una de las funciones que sirven a la conservación de la vida, y sólo más tarde se independiza de ella. Quien contemple a un niño saciado adormecerse en el pecho materno, con sus mejillas sonrosadas y una sonrisa beatífica, no podrá menos que afirmar que este cuadro sigue siendo determinante también para la expresión de la satisfacción sexual en la vida posterior. La necesidad de repetir la satisfacción sexual se separa entonces de la necesidad de buscar alimento, una separación que se torna inevitable cuando aparecen los dientes y la alimentación ya no se cumple más exclusivamente mamando, sino también masticando. El niño no se sirve de un objeto ajeno para mamar; prefiere una parte de su propia piel porque le resulta más cómodo, porque así se independiza del mundo exterior al que no puede todavía dominar, y porque de esa forma se procura, por así decir, una segunda zona erógena, si bien de menor valor. El menor valor de este segundo lugar lo llevará más tarde a buscar en otra persona la parte correspondiente, los labios. (Podríamos imaginarlo diciendo: «Lástima que no pueda besarme a mí mismo».)

No todos los niños chupetean. Es de imaginar que llegan a hacerlo aquellos en quienes está constitucionalmente reforzado el valor erógeno de la zona de los labios. Si este persiste, tales niños, llegados a adultos, serán grandes gustadores del beso, se inclinarán a besos perversos o, si son varones, poseerán una potente motivación intrínseca para beber y fumar. Pero si sobreviene la represión, sentirán asco frente a la comida y les sobrevendrán vómitos histéricos. Siendo la zona labial un campo de acción recíproca (Gemeinsamkeit), la represión invadirá la pulsión de nutrición. Muchas de mis pacientes con trastornos alimentarios, globus hystericus, estrangulamiento de la garganta y vómitos, fueron en sus años infantiles recalcitrantes chupeteadoras.

En el chupeteo o el mamar con deleite hemos observado ya los tres caracteres fundamentales de una exteriorización sexual infantil. Esta nace apuntalándose en una de las funciones corporales importantes para la vida; todavía no conoce un objeto sexual, pues es autoerótica, y su meta sexual se encuentra bajo el dominio de una zona erógena. Digamos ya que estos caracteres son válidos también para la mayoría de las otras prácticas del impulso o tensión sexual infantil.

La meta sexual de la sexualidad infantil

Caracteres de las zonas erógenas

Todavía podemos inferir muchas cosas del ejemplo del Chupeteo con miras a caracterizar lo que es una zona erógena. Es una parte de piel o de mucosa en el que estimulaciones de cierta clase provocan una sensación placentera de determinada cualidad. No hay ninguna duda de que los estímulos productores de placer están ligados a singulares condiciones; pero no las conocemos. Entre ellas, el carácter rítmico no puede menos que desempeñar un papel: se impone la analogía con las cosquillas. Parece menos seguro que se pueda designar «particular» al carácter de la sensación placentera provocada por el estímulo -particularidad en la que estaría contenido, justamente, el factor sexual- En asuntos de placer y dolor, la psicología palpa todavía demasiado en las tinieblas, por lo cual es recomendable adoptar la hipótesis más prudente. Quizá más adelante hallemos fundamentos que parezcan apoyar la particularidad como cualidad de esa sensación agradable.

La propiedad erógena puede escoger a ciertas partes del cuerpo. Existen zonas erógenas predestinadas, como lo muestra el chupeteo; pero este mismo ejemplo nos muestra también que cualquier otro sector de piel o de mucosa puede prestar los funciones de una zona erógena, para lo cual es obligado que conlleve una cierta aptitud. Por tanto, para la producción de una sensación placentera, la cualidad del estímulo es más importante que la complexión de las partes del cuerpo. El niño chupeteador busca por su cuerpo y escoge algún sector para mamárselo con delectación; después, por costumbre, este pasa a ser el preferido. Cuando por casualidad tropieza con uno de los sectores predestinados (pezones, genitales), desde luego será este el predilecto. Tal capacidad de desplazamiento reaparece en la sintomatología de la histeria de forma totalmente semejante. En esta neurosis, la represión afecta sobre todo a las zonas genitales en sentido restringido, las que prestan su estímulo al resto de zonas erógenas, que de otro modo permanecerían circunscritas en la vida adulta; entonces, estas se comportan en un todo como los genitales. Pero, además, tal como ocurre en el caso del chupeteo, cualquier otro sector del cuerpo puede ser dotado de la excitabilidad de los genitales y elevarse a la categoría de zona erógena. Las zonas erógenas e histerógenas presentan idénticos caracteres.

Meta sexual infantil.

La meta sexual de la pulsión o tensión infantil consiste en producir la satisfacción mediante la estimulación apropiada de la zona erógena que, de un modo u otro, se ha escogido. Para que se cree una necesidad de repetirla, esta satisfacción tiene que haberse experimentado antes; y es lógico pensar que la naturaleza habrá tomado seguras medidas para que esa vivencia no quede librada al azar. Ya expusimos de la organización previa que cumple este fin respecto de la zona de los labios: el enlace simultáneo de este sector del cuerpo con la nutrición. Todavía tendremos que encontrar otros dispositivos semejantes como fuentes de la sexualidad. En cuanto estado, la necesidad de repetir la satisfacción se revela por dos cosas: un peculiar sentimiento de tensión, que posee más bien el carácter del disgusto, y una sensación de estímulo o de picazón condicionada centralmente y proyectada a la zona erógena periférica. Por eso la meta sexual puede formularse también así: procuraría sustituir la sensación de estímulo proyectada sobre la zona erógena, por aquel estímulo externo que la anula al provocar la sensación de la satisfacción. Este estímulo externo consistirá la mayoría de las veces en una manipulación semejante al mamar.

Pero si es cierto que la necesidad puede provocarse también periféricamente, por una alteración real en la zona erógena, ese hecho concuerda a la perfección con nuestro saber fisiológico. Sólo parece un poco asombroso que, para anularse, un estímulo sea necesario de un segundo estímulo que actúe sobre el mismo lugar.

Las exteriorizaciones sexuales masturbatorias. No podrá sino alegrarnos sumamente el descubrir que, una vez estudiada la pulsión partiendo de una única zona erógena, no tenemos muchas más cosas importantes que aprender sobre de la práctica sexual del niño. Las diferencias más notables se refieren a los pasos que se necesita dar para obtener la satisfacción, que en el caso de la zona labial consistían en el mamar y que tendrán que sustituirse por otra acción muscular concordante con la posición y la complexión de las otras zonas.

Activación de la zona anal.

La zona anal, a semejanza de la zona de los labios, es idónea por su posición para proporcionar un fortalecimiento de la sexualidad en otras funciones corporales. Debe admitirse que el valor erógeno de este sector del cuerpo es en principio muy grande. Por el psicoanálisis nos enteramos, no sin sorpresa, de los cambios que experimentan normalmente las excitaciones sexuales que parten de él, v cuán a menudo conserva durante toda la vida una considerable participación en la excitabilidad genital. Los trastornos intestinales tan frecuentes en la infancia se ocupan de que no falten excitaciones intensas en esta zona. Los catarros intestinales en la más tierna edad vuelven «nervioso» al niño, como suele decirse; si más tarde este contrae una neurosis, cobran una influencia decisiva sobre su expresión sintomática y ponen a su disposición toda la suma de los trastornos intestinales. Y con referencia al valor erógeno del tracto anal (valor que se conserva, si no como tal, al menos en su trasmudación), no puede tomarse a risa la influencia de las hemorroides, a las que la vieja medicina concedía tanto peso para la explicación de los estados neuróticos.

Los niños que sacan partido de la estimulabilidad erógena de la zona anal se descubren por el hecho de que retienen las heces hasta que la acumulación de estas provoca fuertes contracciones musculares y, al atravesar el ano, pueden ejercer un poderoso estímulo sobre la mucosa. De esa forma han de producirse sensaciones voluptuosas junto a las dolorosas. Una de las mejores pruebas anticipatorias de rareza o nerviosidad posteriores es que un lactante se retraiga obstinadamente a vaciar el intestino cuando lo ponen en la bacinilla, vale decir, cuando la persona encargada de su crianza lo desea, reservándose esta función para cuando lo desea él mismo. Lo que le interesa, desde luego, no es ensuciar su cuna; sólo procura que no se le escape la ganancia colateral de placer que puede lograr con la defecación. Nuevamente, los educadores aciertan cuando llaman «díscolos» a los niños que «retardan» estas funciones.

El contenido de los intestinos que, en calidad de cuerpo estimulante, se comporta respecto de una mucosa sexualmente sensible como el precursor de otro órgano destinado a entrar en acción sólo después de la fase de la infancia, posee para el lactante todavía otros importantes significados. Evidentemente, lo trata como a una parte de su propio cuerpo; representa el primer «regalo» por medio del cual el pequeño ser puede expresar su obediencia hacia el entorno exteriorizándolo, Ni su desafío, rehusándolo. A partir de este significado de «regalo», más tarde cobra el de «hijo», el cual, según una de las teorías sexuales infantiles, se consigue por la comida y es dado a luz por el intestino.

La retención de las heces, que al comienzo se practica conscientemente para aprovechar su estimulación masturbadora, por así decir, de la zona anal o para utilizarla en la relación con las personas que cuidan al niño, es por otra parte una de las raíces del estreñimiento tan frecuente en los neurópatas. La significación íntegra de la zona anal se refleja, además, en el hecho de que se encuentran muy pocos neuróticos que no tengan sus costumbres escatológicas particulares, sus ceremonias y acciones similares, que mantienen celosamente guardadas.

En niños mayores no es nada extraña una genuina estimulación masturbatoria de la zona anal mediante el dedo y provocada por una picazón de condicionamiento central o sostenida periféricamente.

Activación de las zonas genitales

Entre las zonas erógenas del cuerpo infantil se encuentra una que no desempeña, por cierto, el papel principal ni puede ser la portadora de los impulsos sexuales más antiguos, pero que está destinada a un gran papel en el futuro. Tanto en los varones como en las niñas se relaciona con la micción (glande, clítoris), y en los primeros está dentro de un saco de mucosa, de manera que no puede faltarle estimulación por secreciones, que desde mucho antes de la pubertad son capaces de encender la excitación sexual. Las activaciones sexuales de esta zona erógena, que corresponde a las partes sexuales reales, son ciertamente el comienzo, de la posterior vida sexual «normal».

Por su situación anatómica, por la gran cantidad de secreciones, por los lavados y frotaciones del cuidado corporal y por ciertas excitaciones accidentales (como las migraciones de lombrices intestinales en las niñas), es inevitable que la sensación placentera que estas partes del cuerpo son capaces de proporcionar se experimente en el niño ya en su período de lactancia, despertándole una necesidad de repetirla. Si se considera la suma de estas circunstancias y se repara en que las medidas adoptadas para mantener la limpieza difícilmente tendrán efectos diversos de los producidos por su ensuciamiento, se vuelve poco menos que forzoso concluir que mediante el onanismo del lactante, al que casi ningún individuo escapa, se establece el futuro primado de esta zona erógena para la actividad sexual. La acción que elimina el estímulo y trae consigo la satisfacción consiste en un contacto de frotación con la mano o en una presión, sin duda prefigurada como un reflejo, ejercida por la mano o apretando los muslos. Esta última operación es con mucho la más corriente en la niña. En el caso del varón, la preferencia por la mano señala ya la importante contribución que la pulsión de apoderamiento está destinada a prestar a la actividad sexual masculina.

Influirá en beneficio de la claridad señalar que es preciso distinguir tres fases en la masturbación infantil. La primera corresponde al período de lactancia, la segunda al breve florecimiento de la práctica sexual hacia el cuarto año de vida, y sólo la tercera responde al onanismo de la pubertad, el único que suele considerarse.

La segunda fase de la masturbación infantil

El onanismo del lactante parece desaparecer tras breve tiempo; sin embargo, su prosecución ininterrumpida hasta la pubertad puede significar ya la primera gran desviación respecto del desarrollo a que se aspira para el ser humano en la cultura. Después del período de lactancia, en algún momento de la niñez, por lo general antes del cuarto año, la pulsión sexual suele despertar nuevamente en esta zona genital y durar poco tiempo, basta que una nueva sofocación la detiene, o proseguir sin interrupción. Las relaciones posibles son muy diversas y sólo pueden descubrirse mediante el examen más minucioso de casos individuales. Pero todos los pormenores de esta segunda activación sexual infantil dejan tras sí las más profundas (inconcientes) huellas en la memoria de la persona, determinan el desarrollo de su carácter si permanece sana, y la sintomatología de su neurosis si enferma después de la pubertad.

En este último caso, hallamos que este período sexual se ha olvidado, y se han desplazado los recuerdos concientes que lo demuestran; ya dije que yo vincularía también la amnesia infantil normal con esta activación sexual infantil. Por medio de la exploración psicoanalítica se logra hacer conciente lo olvidado y, de esta manera, eliminar una dificultad que parte del material psíquico inconciente.

Retorno de la masturbación de la lactancia

La excitación sexual del período de lactancia regresa en los años de la niñez señalados; puede hacerlo como una sensación de picazón, condicionado centralmente, que pide una satisfacción onanista, o como un proceso del tipo de una polución, que, de manera semejante a la polución de la época de madurez, alcanza la satisfacción sin ayuda de ninguna acción. Este último caso es el más frecuente en las niñas y en la segunda mitad de la niñez; no se lo conoce bien en su dependencia, y frecuentemente -aunque no de forma regular -parece tener por condicionante un período de onanismo anterior. La sintomatología de estas exteriorizaciones sexuales es pobre; del aparato sexual todavía no desarrollado da testimonio casi siempre el aparato urinario, que se presenta, por así decir, como su portavoz. La mayoría de las llamadas afecciones vesicales de esta época son perturbaciones sexuales; la enuresis nocturna, cuando no responde a un ataque epiléptico, equivale a una polución.

Causas internas y ocasiones externas son decisivas para la reaparición de la actividad sexual; en casos de neurosis, ambas pueden barruntarse a partir de la conformación de los síntomas y descubrirse con exactitud mediante la exploración psicoanalítica. De las causas internas hablaremos más adelante; las ocasiones externas contingentes cobran en esa época una importancia grande y duradera. En primer lugar se sitúa la influencia de la seducción, que trata precozmente al niño como objeto sexual y, en circunstancias que no pueden menos que provocarle fuerte impresión, le enseña a conocer la satisfacción de las zonas genitales; secuela de ello es casi siempre la compulsión a renovarla por vía onanista. Semejante influencia puede provenir de adultos o de otros niños; no puedo conceder que en mi ensayo sobre «La etiología de la histeria» (1896) yo haya sobrestimado su frecuencia o su importancia, si bien es cierto que a la sazón todavía no sabía que individuos que siguieron siendo normales podían haber tenido en su niñez esas mismas vivencias, por lo cual di mayor valor a la seducción que a los factores dados en la constitución y el desarrollo sexuales. Resulta claro que no es necesaria la seducción para despertar la vida sexual de] niño, y que ese despertar puede producirse también de manera espontánea a partir de causas internas.

Disposición perversa polimorfa. Es aleccionador que bajo la influencia de la seducción el niño pueda convertirse en un perverso polimorfo, siendo descaminado a practicar todas las trasgresiones posibles. Esto demuestra que en su disposición trae consigo la aptitud para ello; tales trasgresiones tropiezan con escasas resistencias porque, según sea la edad del niño, no se han levantado todavía o están en formación los diques anímicos contra los excesos sexuales: la vergüenza, el asco y la moral. En esto el niño no se comporta de manera diferente de la mujer ordinaria, no cultivada, en quien se conserva idéntica disposición perversa polimorfa. En condiciones corrientes, ella puede permanecer normal en el aspecto sexual; guiada por un hábil seductor, encontrará gusto en todas las perversiones y las retendrá en su práctica sexual. Esa misma disposición polimorfa, y por tanto infantil, es la que utiliza la prostituta en su oficio; y en el inmenso número de las mujeres prostitutas y de aquellas a quienes es preciso atribuir la aptitud para la prostitución, aunque escaparon de ejercitarla, es imposible no reconocer algo común a todos los seres humanos, algo que tiene sus orígenes en la uniforme disposición a todas las perversiones.

Pulsiones parciales

Por lo demás, la influencia de la fascinación no ayuda a descubrir la condición inicial del impulso o tensión sexual, sino que confunde nuestra intelección de ella, en la medida en que aporta precozmente al niño el objeto sexual, del cual la pulsión sexual infantil no muestra al principio necesidad alguna. De cualquier forma, tenemos que admitir que también la vida sexual infantil, a pesar la dictadura que ejercen las zonas erógenas, revela componentes que desde el comienzo envuelven a otras personas en calidad de objetos sexuales. De esa clase son los impulsos del placer de. ver y de exhibir, y de la crueldad. Aparecen con cierta independencia respecto de las zonas erógenas, y sólo más tarde entran en estrechas relaciones con la vida genital; pero ya se hacen notables en la niñez como unas aspiraciones autónomas, separadas en sus inicios de la actividad sexual erógena. Sobre todo, el niño pequeño carece de vergüenza, y en ciertos años tempranos muestra una inequívoca satisfacción en desnudar su cuerpo poniendo particular énfasis en sus genitales. El correspondiente de esta inclinación considerada perversa, la curiosidad por ver los genitales de otras personas, probablemente se hace manifiesto sólo algo más avanzada la niñez, cuando el impedimento de la impresión de vergüenza ya se ha desarrollado de algún modo. Bajo el influjo del atractivo, la perversión de ver puede alcanzar gran predicamento para la vida sexual del niño. Sin embargo, mis exploraciones de la niñez de personas sanas y de neuróticos me han llevado a concluir que el impulso de ver puede emerger en el niño como una exteriorización sexual espontánea. Niños pequeños cuya atención se dirigió alguna vez a sus propios genitales -casi siempre por vía masturbatoria- suelen dar sin contribución ajena el paso siguiente, y desarrollar un vivo interés por los genitales de sus compañeritos de juegos. Puesto que la ocasión para satisfacer esa curiosidad se presenta casi siempre solamente al satisfacer las dos necesidades excrementicias, esos niños se convierten en voyeurs, fervientes mirones de la micción y la defecación de otros. Sobrevenida la cesura de estas inclinaciones, la curiosidad de ver genitales de otras personas (de su propio sexo o del otro) permanece como una presión atormentadora, que en muchos casos de neurosis presta después la más potente fuerza impulsora a la formación de síntoma.

Con independencia todavía mayor respecto de las otras prácticas sexuales ligadas a las zonas erógenas, se desarrollan en el niño los componentes crueles del impulso sexual. La crueldad es cosa por completo natural en el carácter infantil; en efecto, la inhibición en virtud de la cual la pulsión de sumisión se detiene ante el sufrimiento del otro, la capacidad de compadecerse, se desarrollan bastante tarde. Es evidente que no se ha logrado todavía el análisis psicológico exhaustivo de esta pulsión. Nos es lícito suponer que la moción cruel proviene de la pulsión de sumisión y emerge en la vida sexual en una época en que los genitales no han tomado todavía el papel que desarrollarán después. Por tanto, gobierna una fase de la vida sexual que más adelante denominaremos como organización pregenital. Niños que se distinguen por una particular crueldad hacia los animales y los compañeros de juego despiertan la sospecha, por lo común confirmada, de una práctica sexual prematura e intensa proveniente de las zonas erógenas; y en casos de madurez anticipada y simutánea de todas las pulsiones sexuales, la práctica sexual erógena parece ser la primaria. La ausencia de la barrera de la compasión trae consigo el peligro de que este enlace establecido en la niñez entre las pulsiones crueles y las erógenas resulte inseparable más tarde en la vida.

Desde las Confesiones de Jean-Jacques Rousseau, la estimulación con dolor en las nalgas ha sido reconocida por todos los pedagogos como una raíz erógena de la pulsión pasiva a la crueldad (del masoquismo). Con acierto han concluido de ahí la exigencia de que el castigo corporal, que generalmente afecta a esta parte del cuerpo, debe evitarse en el caso de todos aquellos niños cuya libido, por los posteriores reclamos de la educación cultural, pueda ser empujada hacia las vías colaterales.

La investigación sexual infantil

La pulsión de saber

A la vez que la vida sexual del niño llega a su primera madurez, entre los tres y los cinco años, se inicia en él también aquella actividad que se adscribe a la pulsión de saber o de investigar. La pulsión de saber no puede computarse entre los componentes pulsionales elementales ni subordinarse de manera exclusiva a la sexualidad. Su acción corresponde, por una parte, a una manera sublimada del dominio, y, por la otra, trabaja con la energía de la necesidad de observar. Empero, sus vínculos con la vida sexual tienen particular importancia, pues por los psicoanálisis hemos averiguado que la necesidad de saber de los niños recae, en forma insospechadamente precoz y con inesperada intensidad, sobre los problemas sexuales, e incluso quizás es despertada por estos.

El enigma de la esfinge

No son intereses teóricos sino prácticos los que ponen en marcha la actividad investigadora en el niño. La amenaza que para sus condiciones de su existencia significa la llegada, conocida o barruntada, de un nuevo niño, y el miedo de que ese acontecimiento lo prive de cuidados y amor, lo vuelven reflexivo y penetrante. El primer problema que lo ocupa es, en consonancia con esta génesis del despertar del ansia de saber, no la cuestión de la diferencia entre los sexos, sino el interrogante:, «¿De dónde vienen los niños?». En una desfiguración que es fácil deshacer, es este el mismo enigma que proponía la Esfinge de Tebas. En cuanto al hecho de los dos sexos, en un principio el niño no se subleva contra él ni le opone reparo alguno. Para el varoncito es cosa lógica pensar que todas las personas poseen un genital como el suyo, y le resulta imposible unir su falta a la representación que tiene de ellas.

Complejo de castraci;on y envidia del pene.

El varoncito se aferra con energía a esta convicción, la defiende con denuedo frente a la contradicción que muy pronto la realidad le opone, y la abandona únicamente tras serias luchas interiores (complejo de castración). Las formaciones sustitutivas de este pene perdido de la mujer cumplen un importante papel en la conformación de múltiples perversiones.

El supuesto dé que todos los seres humanos poseen idéntico genital (masculino) es la primera de las sorprendentes teorías sexuales infantiles, llenas de consecuencias. De poco le sirve al niño que la ciencia biológica dé razón a su prejuicio y deba reconocer al clítoris femenino como un auténtico sustituto del pene. En cuanto a la niñita, no incurre en tales rechazos cuando ve los genitales del varón con su conformación diversa. Al punto está dispuesta a reconocerla, y es presa de la envidia del pene, que culmina en el deseo de ser un varón, deseo tan importante luego.

Teorías del nacimiento.

Muchas personas recuerdan con claridad con qué interés se tomaron durante el período prepuberal esta cuestión: ¿De dónde vienen los niños? Las soluciones anatómicas fueron en esa época de los más curiosos tipos: vienen del pecho, son extraídos del vientre, o el ombligo se abre para dejarlos pasar. En cuanto a la investigación correspondiente a los primeros años de la infancia, es muy raro que se la recuerde fuera del análisis; ha caído bajo la represión mucho tiempo atrás, pero sus resultados fueron uniformes: los hijos se conciben por haber comido algo determinado (como en los cuentos tradicionales) y se los da a luz por el intestino, como a la materia fecal. Estas teorías infantiles recuerdan modalidades del reino animal, en especial la cloaca de los tipos zoológicos inferiores a los mamíferos.

Concepción sádica del comercio sexual.

Si a esa tierna edad los niños son espectadores del comercio sexual entre adultos, lo cual es favorecido por el convencimiento de los mayores de que el pequeño no comprende nada de lo sexual, no puede menos que concebir el acto sexual como una especie de violencia o sojuzgamiento, vale decir, en sentido sádico. Por el psicoanálisis nos enteramos de que una impresión de esa clase recibida en la primera infancia contribuye en mucho a la disposición para un posterior desplazamiento (descentramiento) sádico de la meta sexual. En lo sucesivo los niños se ocupan mucho de este problema: ¿En qué puede consistir el comercio sexual o -como dicen ellos -el estar casado? Casi siempre buscan la solución del enigma en alguna relación de comunidad (Gemeinsamkeit) proporcionada por las funciones de la micción o la defecación.

El típico fracaso de la investigación sexual infantil

Sobre las teorías sexuales infantiles puede plantearse esta formulación general: son reflejos de la propia constitución sexual del niño y, pese a sus estrambóticas elucubraciones, constituyen pruebas de una gran comprensión sobre los procesos sexuales, mayor de la que se sospecharía en sus creadores. Los niños perciben también las alteraciones que el embarazo provoca en la madre y saben interpretarlas rectamente; con frecuencia escuchan con una desconfianza profunda, aunque casi siempre silenciosa, cuando les es contada la fábula de la cigüeña. Pero como la investigación sexual infantil ignora dos elementos, el papel del semen fecundante y la existencia de la abertura sexual femenina -los mismos puntos, por lo demás, en que la organización infantil se encuentra todavía retrasada-, los esfuerzos del pequeño investigador por lo general fracasan y terminan en una renuncia que no excepcionalmente deja como secuela un deterioro permanente de la pulsión de saber. La investigación sexual de la primera infancia es siempre solitaria; implica un primer paso hacia la orientación autónoma en el mundo y establece un fuerte extrañamiento del niño respecto de las personas que frecuenta, que antes habían gozado de su plena confianza,

Fases de desarrollo de la organización sexual

Hasta ahora hemos puesto de relieve los siguientes caracteres de la vida sexual infantil: es por encima de todo autoerótica (su objeto se encuentra en el cuerpo propio) y sus pulsiones parciales singulares aspiran a conseguir placer cada una por su cuenta, sin conexiones entre sí. El punto de llegada del desarrollo lo constituye la vida sexual del adulto llamada normal; en ella, la consecución de placer se ha puesto al servicio de la función de reproducción, y las pulsiones parciales, bajo el dominio de una única zona erógena, han formado una organización sólida para la consecución de la meta sexual en un objeto ajeno.

Organizaciones pregenitales

Sea como fuere, con el auxilio del psicoanálisis podemos estudiar las inhibiciones y perturbaciones de este proceso de desarrollo. Ello nos permite individualizar esbozos y etapas previas de una organización de las pulsiones parciales como la mencionada, que al mismo tiempo dan por resultado una suerte de régimen sexual. Normalmente, estas fases de la organización sexual se recorren sin obstáculos, delatadas apenas por algunos indicios. Sólo en casos patológicos son activadas y se vuelven notables para la observación gruesa.

Denominaremos como pregenitales a las organizaciones de la vida sexual en que las zonas genitales todavía no han alcanzado su papel hegemónico. Hasta aquí hemos tomado conocimiento de dos de ellas, que hacen la impresión de unas recaídas en estadios anteriores de la evolución zoológica.

Una primera organización sexual pregenital es la oral o, si se prefiere, canibálica. La actividad sexual no se ha separado aún de la nutrición, ni se han diferenciado contrarios dentro de ella. El objeto de una actividad es también el de la otra; el objetivo sexual consiste en la incorporación del objeto, el paradigma de lo que más tarde, en calidad de identificación, desempeñará un papel psíquico tan importante. El chupeteo puede verse como un resto de esta fase hipotética (fiktiv) que la patología nos obligó a suponer; en ella la actividad sexual, libre de la actividad de la alimentación, ha resignado el objeto ajeno a cambio de tino situado en el cuerpo propio.

Una segunda fase pregenital es la de la organización sádico-anal. Aquí ya se ha desarrollado la división en opuestos, que atraviesa la vida sexual; empero, no se los puede llamar todavía masculino y femenino, sino que es preciso señalar como activo y pasivo. La actividad es producida por la pulsión de apoderamiento a través de la musculatura del cuerpo, y como órgano de meta sexual pasiva se constituye ante todo la mucosa erógena del intestino; empero, los objetos de estas dos aspiraciones no coinciden. Junto a ello, se practican otras pulsiones parciales de manera autoerótica. En esta fase, por tanto, ya se busca la polaridad sexual y el objeto ajeno. Faltan todavía la organización y la subordinación a la función de la reproducción.

Ambivalencia

Esta forma de la organización sexual puede conservarse a lo largo de toda la vida y atraer permanentemente hacia sí una buena parte de la práctica sexual. El predominio del sadismo, y de la zona anal en el papel de cloaca, le imprimen un rasgo particularmente arcaico. Además, posee este otro carácter: los pares de opuestos pulsionales están plasmados en un grado aproximadamente equivalente, estado de cosas que se designa con el feliz término introducido por Bleuler: ambivalencia.

La hipótesis de las organizaciones pregenitales de la vida sexual descansa en el análisis de las neurosis; difícilmente se la pueda apreciar si no es con relación al conocimiento de estas. Tenemos derecho a aguardar que el continuado empeño analítico nos depare datos mucho más amplios sobre el edificio y el desarrollo de la función sexual normal.

Para completar el cuadro de la vida sexual infantil, es preciso agregar que con frecuencia, o regularmente, ya en la niñez se consuma una elección de objeto como la que hemos supuesto característica de la fase de desarrollo de la pubertad. El conjunto de los afanes sexuales se dirigen a una persona única, y en ella quieren alcanzar su objetivo. He ahí, pues, el máximo acercamiento posible en la infancia a la conformación definitiva que la vida sexual tendrá después de la pubertad. La diferencia respecto de esta última reside sólo en el hecho de que la unificación de las pulsiones parciales y su subordinación al primado de los genitales no son establecidas en la infancia, o lo son de manera muy incompleta. Por tanto, la instauración de ese primado al servicio de la reproducción es la última fase por la que atraviesa la organización sexual.

Los dos tiempos de la elección de objeto

El siguiente proceso puede arrogarse el nombre de típico: la elección de objeto tiene lugar en dos tiempos, en dos oleadas. La primera comienza entre los dos y los cinco años, y el período de latencia la detiene o la hace retroceder; se caracteriza por la naturaleza infantil de sus metas sexuales. La segunda aparece con la pubertad y determina la conformación definitiva de la vida sexual.

Ahora bien, los hechos relativos al doble tiempo de la elección de objeto, que en lo esencial se reducen al efecto del período de latencia, adquieren gran importancia en cuanto a la perturbación de ese estado final. Los resultados de la elección infantil de objeto se prolongan hasta una época tardía; o bien se los conserva tal cual, o bien experimentan una renovación en la época de la pubertad. Pero demuestran ser inaplicables, y ello a consecuencia del desarrollo de la represión, que se sitúa entre ambas fases. Sus metas sexuales han experimentado una moderación, y figuran únicamente como la corriente tierna de la vida sexual. Sólo la indagación psicoanalítica es capaz de encontrar, ocultas tras esa ternura, esa veneración y ese respeto, las viejas aspiraciones sexuales, ahora inutilizables, de las pulsiones parciales infantiles. La elección de objeto de la época de la pubertad tiene que renunciar a los objetos infantiles y empezar de nuevo como corriente sensual. La no confluencia de las dos corrientes tiene como efecto muchas veces que no pueda alcanzarse uno de los ideales de la vida sexual, la unificación de todos los deseos en un objeto.

Fuentes de la sexualidad infantil

En el empeño de bucear los orígenes de la pulsión sexual hemos hallado hasta aquí que la excitación sexual nace: a) como calco de una satisfacción vivenciada a raíz de otros procesos orgánicos; b) por una adecuada estimulación periférica de zonas erógenas, y c) como expresión de algunas «pulsiones» cuyo origen todavía no comprendemos bien (por ejemplo, la pulsión de ver y la pulsión a la crueldad). Ahora bien, la investigación psicoanalítica que desde una época posterior se remonta hasta la infancia, y la observación contemporánea del niño mismo, se conjugan para revelarnos otras fuentes de fluencia regular para la excitación sexual. La observación de niños tiene la desventaja de elaborar objetos que fácilmente originan confusiones, y el psicoanálisis es dificultado por el hecho de que sólo mediante grandes rodeos puede alcanzar sus objetos y sus conclusiones; sin embargo, los dos métodos conjugados alcanzan un grado suficiente de certeza inteligible.

Como consecuencia de la indagación de las zonas erógenas hemos descubierto que estos sectores de la piel muestran puramente una particular intensificación de un tipo de excitabilidad que, en cierto grado, es propio de toda la superficie de aquella. Por eso no nos sorprenderá enterarnos de que a ciertos tipos de estimulación general de la piel pueden adscribirse efectos erógenos muy claros, Entre estos, destacamos en especial los estímulos térmicos; quizás ello nos ayude a la comprensión del efecto terapéutico de los baños calientes.

Excitaciones mecánicas

Además, tenemos que colocar en esta serie la producción de una excitación sexual por medio de sacudidas mecánicas del cuerpo, de carácter rítmico. Debemos distinguir en ellos tres clases de influencias de estímulo: las que actúan sobre el aparato sensorial de los nervios vestibulares, las que actúan sobre la piel y las que lo hacen sobre las partes profundas (músculos, aparato articular). La existencia de las sensaciones placenteras así generadas -merece destacarse que estamos autorizados a usar indistintamente, para todo un tramo, «excitación sexual» y « satisfacción », si bien nos obligamos así a brindar más adelante una explicación, la existencia de esas sensaciones placenteras, entonces, producidas por ciertos sacudimientos mecánicos del cuerpo, está avalada por el gran gusto que sienten los niños en los juegos de movimiento pasivo, como ser columpiados y arrojados por el aire, cuya repetición solicitan una y otra vez.

Como es sabido, regularmente se mece a los niños inquietos para hacerlos dormir. Los sacudimientos de los carruajes y, más tarde, del ferrocarril actuan produciendo un efecto tan fascinante sobre los niños mayores que al menos todos los varoncitos han querido alguna vez ser cocheros o conductores de tren cuando grandes. Suelen dotar de un enigmático interés de extraordinaria intensidad, a todo lo relacionado con el ferrocarril; y en la edad en que se activa la fantasía (poco antes de la pubertad) suelen convertirlo en el centro de un simbolismo refinadamente sexual. Es evidente que la compulsión a establecer ese enlace entre el viaje por ferrocarril y la sexualidad proviene del carácter agradable de las sensaciones de movimiento. Y si después se suma la represión, que hace que tantas de las predilecciones infantiles provoquen un vuelco hacia su contrario, esas mismas personas reaccionarán en su adolescencia o madurez con disgusto sí son mecidas o hamacadas, o bien un viaje por ferrocarril las agotará sobremanera, o tenderán a sufrir ataques de ansiedad en caso de viajar y se protegerán de la repetición de esa experiencia penosa mediante la angustia al ferrocarril.

A esta serie pertenece el hecho -todavía incomprendido- de que la neurosis traumática histeriforme grave se produce por acumulación de terror y sacudimiento mecánico. Al menos puede suponerse que estas influencias, que en intensidades mínimas pasan a ser fuente de excitación sexual, en medida exagerada provocan una profunda conmoción del mecanismo o quimismo sexuales.

Actividad muscular

Todo el mundo sabe que una intensa actividad muscular constituye para el niño una necesidad de cuya satisfacción obtiene un placer extraordinario. Se halla sujeto a explicaciones críticas el determinar si este placer tiene algo que ver con la sexualidad, si él mismo incluye una satisfacción sexual o puede convertirse en ocasión de una excitación sexual. Esas explicaciones pueden apuntar también a la tesis ya expuesta, a saber, que el placer provocado por las sensaciones de movimiento pasivo es de naturaleza sexual o genera excitación sexual. Es un hecho, sin embargo, que muchas personas informan haber sentido los primeros signos de la excitación en sus genitales en el curso de juegos violentos o de riñas con sus compañeros de juego, situación en la cual, además de todo el esfuerzo muscular, operaba un estrecho contacto con la piel del oponente. La inclinación a entablar lucha con determinada persona mediante la musculatura, como en años posteriores la de entablar disputas mediante la palabra («Odios son amores»), se cuenta entre los buenos signos premonitorios de que se ha elegido como meta a esa persona. En la promoción de la excitación sexual por medio de la actividad muscular habría que reconocer una de las raíces de la pulsión sádica. Para muchos individuos, el enlace infantil entre juegos violentos y tensión sexual es causa colateral de la orientación preferencial que imprimirán más tarde a su pulsión sexual.

Procesos afectivos

Las otras fuentes de excitación sexual en el niño traen consigo menos dudas. Es fácil comprobar mediante observación simultánea o exploración retrospectiva que los procesos afectivos más intensos, aun las excitaciones de miedo, desbordan sobre la sexualidad; esto, por lo demás, puede contribuir a la comprensión del efecto patógeno de esos movimientos del ánimo. En el escolar, la angustia frente a un examen, la tensión provocada por una tarea de difícil solución, pueden cobrar importancia, no sólo en lo tocante a su relación con la escuela sino para el desencadenamiento de manifestaciones sexuales. En tales circunstancias, en efecto, es muy frecuente que sobrevenga un sentimiento de estímulo que origina el contacto con los genitales, o un proceso del tipo de un derrame, con todas sus embarazosas consecuencias. La conducta de los niños en la escuela, que plantea a los maestros bastantes misterios, merece en general ser vinculada con la incipiente sexualidad de aquellos. El efecto de excitación sexual de muchos afectos en sí desagradables, como el angustiarse, el estremecerse de miedo o el espantarse, se conserva en gran número de seres humanos durante su vida adulta, y explica sin duda que muchas personas busquen la oportunidad de recibir tales sensaciones, sujetas sólo a ciertas circunstancias concurrentes (su pertenencia a un mundo de ficción, la lectura, el teatro) que amengüen la seriedad de la sensación de desagrado.

Si es lícito pensar que asimismo sensaciones de dolor intenso provocan idéntico efecto erógeno, sobre todo cuando el dolor es menguado o alejado por una condición concurrente, esta relación constituiría una de las raíces principales de la pulsión sadomasoquista, en cuya múltiple composición vamos entrando así paulatinamente.

Trabajo intelectual

Finalmente, resulta innegable que la concentración de la atención en una tarea intelectual, y, en general, el esfuerzo mental, tiene por consecuencia en muchas personas, tanto jóvenes como más maduras, una excitación sexual concurrente. Hemos de considerarla la única base legítima de la tesis, por otra parte tan peregrina, que hace derivar las perturbaciones nerviosas de un «exceso de trabajo» mental.

Si ahora, tras estos ejemplos e indicaciones que no hemos comunicado de forma exhaustiva ni íntegra en cuanto a su número, abarcamos a vista de pájaro las fuentes de la excitación sexual infantil, vislumbramos o reconocemos los siguientes rasgos generales: numerosos condicionantes parecen velar por la puesta en marcha de] proceso de la excitación sexual -cuya naturaleza, es cierto, acaba de volvérsenos misteriosa-. Sobre todo velan por ella, más o menos directamente, las excitaciones de las superficies sensibles -la piel y los órganos de los sentidos-, y de forma más inmediata. las estimulaciones de ciertos sectores que han de considerarse como zonas erógenas. Respecto de estas fuentes de la excitación sexual, la cualidad del estímulo es sin discusión lo decisivo, aunque el factor de la intensidad (en el caso del dolor) no es del todo ajeno. Pero, además, preexisten en el organismo dispositivos a consecuencia de los cuales la excitación sexual se produce como efecto colateral, a raíz de una gran serie de procesos internos, para lo cual basta que la intensidad de estos rebase ciertos límites cuantitativos. Lo que hemos llamado pulsiones parciales de la sexualidad, o bien es consecuencia directa de estas fuentes internas de la excitación sexual, o se compone de aportes de esas fuentes y de las zonas erógenas. Es posible que en el organismo no suceda, nada de cierta importancia que no ceda sus componentes a la excitación de la pulsión sexual.

No me parece posible de momento aportar más claridad y certeza a estas tesis generales; hago responsables de ello a dos factores: en primer lugar, la novedad de todo lo expuesto y, en segundo lugar, la circunstancia de que la naturaleza de la excitación sexual nos es enteramente desconocida. No desearía, sin embargo, renunciar a dos observaciones que prometen abrirnos grandes perspectivas:

Diversas constituciones sexuales

a) Así como antes vimos la posibilidad de basar las diversas constituciones sexuales innatas en el diferente comportamiento de las zonas erógenas, ahora podemos ensayar eso mismo reuniendo las fuentes indirectas de la excitación sexual. Nos es correcto suponer que estas fuentes se ofrecen en todos los individuos, pero no presentan idéntica intensidad en todos ellos; cabe admitir, entonces, que la plasmación privilegiada de cada una de las fuentes de la excitación sexual contribuye también a diferenciar las diversas constituciones sexuales.

Las vías de la influencia recíproca

b) Si abandonamos las expresiones figuradas que usamos durante tanto tiempo, y dejamos de hablar de «fuentes» de la excitación sexual, podemos llegar a esta conjetura: todas las vías de conexión que desembocan en la sexualidad desde otras funciones han de poderse transitar igualmente en la dirección inversa. Vaya un ejemplo: si el hecho de ser la zona de los labios patrimonio común de las dos funciones es el fundamento por el cual la nutrición genera una satisfacción sexual, ese mismo factor nos permite comprender que la nutrición sufra desarreglos cuando son perturbadas las funciones erógenas de la zona común. Y una vez que sabemos que la concentración de la atención es capaz de producir excitación sexual, ello nos lleva a suponer que actuando por la misma vía, sólo que en dirección inversa, el estado de excitación sexual influye sobre la disponibilidad de atención orientable. Una buena parte de la sintomatología de las neurosis, que yo derivo de perturbaciones de los procesos sexuales, se exterioriza en perturbaciones de las otras funciones, no sexuales, del cuerpo. Y esta influencia, hasta ahora incomprensible, se hará menos inexplicable admitiendo que representa la contrapartida de las influencias que presiden la producción de la excitación sexual.

De todas formas, esos mismos caminos por los cuales las perturbaciones sexuales desbordan sobre las restantes funciones del cuerpo servirían en el estado de salud a otro importante hallazgo. Por ellos se consumaría la atracción de las fuerzas pulsionales sexuales hacia otras metas, no sexuales; es decir, el enaltecimiento de la sexualidad. No podemos menos que finalizar confesando que es muy poco todavía lo que conocemos con certeza sobre estas vías, sin duda existentes y probablemente transitables en las dos direcciones. Respondió el 18 de mayo lo siguiente: «El pasaje de Teoría sexual forzosamente debía resultar ambiguo porque tras él no había ninguna idea clara, sólo una construcción. Hay caminos, de naturaleza desconocida, a través de los cuales los procesos sexuales ejercen un efecto sobre la digestión, la hematopoyesis, etc. Las influencias perturbadoras provenientes de la sexualidad recorren estos caminos, y entonces, normalmente, es probable que también lo hagan los aflujos benéficos útiles de algún otro tipo» (Freud, 1965).

3. La metamorfosis de la pubertad

Con la llegada de la pubertad se introducen los cambios que llevan la vida sexual infantil a su configuración normal definitiva. La pulsión sexual era hasta entonces predominantemente autoerótica; ahora encuentra al objeto sexual. Hasta ese momento actuaba partiendo de pulsiones y zonas erógenas singulares que, independientemente unas de otras, buscaban un cierto placer en calidad de única meta sexual. Ahora se ofrece una nueva meta sexual; para alcanzarla, todas las pulsiones parciales cooperan, al par que las zonas erógenas se subordinan al primado de la zona genital. Puesto que la nueva meta sexual asigna a los dos sexos funciones muy diferentes, su desarrollo sexual se separa mucho en lo sucesivo. El del hombre es el más consecuente, y también el más accesible a nuestra comprensión, mientras que en la mujer se presenta hasta una forma de involución. La normalidad de la vida sexual es garantizada únicamente por la exacta coincidencia de las dos corrientes dirigidas al objeto y a la meta sexuales: la tierna y la sensual. La primera de ellas reúne en sí lo que queda del temprano florecimiento infantil de la sexualidad. Es como la perforación de un túnel desde sus dos extremos.

La nueva meta sexual consiste para el varón en la descarga de los productos genésicos. En modo alguno es ajena a la anterior, al logro de placer; más bien, a este acto final del proceso sexual va unida la culminación máxima de placer. La pulsión sexual se pone ahora al servicio de la función de reproducción; se vuelve, por así decir, generosa. Para que esta trasmudación se consiga con éxito, es preciso contar con las disposiciones originarias y todas las peculiaridades de las pulsiones.

Como en todos los demás casos en que deben producirse en el organismo nuevos enlaces y nuevas composiciones en mecanismos complejos, también aquí pueden ocurrir perturbaciones patológicas por interrupción de esos reordenamientos. Todas las perturbaciones patológicas de la vida sexual han de ser vistas, con buen derecho, como inhibiciones del desarrollo.

El primado de las zonas genitales y el placer previo

Vemos con toda claridad el punto de partida y la meta final del curso de desarrollo que acabamos de describir. Las transiciones intermedias nos resultan todavía oscuras en muchos puntos; tendremos que dejar sin resolver en ellas más de un enigma.

Se ha escogido como lo fundamental de los procesos de la pubertad lo más llamativo que ellos presentan: el crecimiento manifiesto de los genitales externos, que durante el período de latencia de la niñez había mostrado una relativa inhibición. Al mismo tiempo, el desarrollo de los genitales internos ha adelantado hasta el punto de poder ofrecer productos genésicos, o bien recibirlos, para la gestación de un nuevo ser. Así ha quedado listo un aparato en extremo complicado, que aguarda el momento en que habrá de utilizar.

Este aparato debe ser puesto en marcha mediante estímulos; en relación con ello, la observación nos enseña que los estímulos pueden lograrse por tres caminos: desde el mundo exterior, por excitación de las zonas erógenas que ya conocemos; desde el interior del organismo, siguiendo caminos que todavía hay que investigar, y desde la vida anímica, que a su vez constituye un repositorio de impresiones externas y un receptor de excitaciones internas. Por los tres caminos se alcanza lo mismo: un estado que se define como de «excitación sexual» y se da a conocer por dos clases de signos, anímicos y :somáticos. El signo anímico consiste en un especial sentimiento de tensión, de carácter en extremo esforzante; entre los múltiples signos corporales se sitúa en primer término una serie de alteraciones en los genitales, que tienen un sentido indudable: la preparación, el momento para el acto sexual. (La erección del miembro masculino, la lubrificación de la vagina.)

La tension sexual

El estado de excitación sexual manifiesta, pues, el carácter de una tensión; con esto se encadena un problema cuya solución es tan difícil cuanto sería importante para comprender los problemas sexuales. A pesar de la diferencia de opiniones que reina sobre este punto en la psicología, debo sostener que un sentimiento de tensión tiene que conllevar el carácter del desagrado. Para mí lo decisivo es qué un sentimiento de esa clase entraña el esfuerzo a alterar la situación psíquica: opera pulsionalmente, lo cual es por completo extraño a la naturaleza del placer sentido. Pero si la tensión del estado de excitación sexual se computa entre los sentimientos de desagrado, se tropieza con el hecho de que es experimentada inequívocamente como placentera. Siempre la tensión producida por los procesos sexuales va acompañada de placer; incluso en las alteraciones preparatorias de los genitales puede reconocerse una suerte de sentimiento de satisfacción. Ahora bien, ¿cómo condicen entre sí esta tensión desagradable y este sentimiento de placer?

Todo lo concerniente al problema del placer y al desagrado toca uno de los puntos más difíciles de la psicología actual. Procuraremos aprender lo posible a partir de las condiciones del caso que nos ocupa, y evitar el planteamiento más ceñido del problema globalmente.

Analicemos primero cómo las zonas erógenas se insertan en el nuevo orden. Sobre ellas recae un importante papel en la introducción de la excitación sexual. El ojo, que es quizá lo más alejado del objeto sexual, puede ser estimulado (reizen) casi siempre, en la situación de cortejo del objeto, por aquella particular cualidad de la excitación cuyo suscitador en el objeto sexual llamamos «belleza». De ahí que se llame «encantos» (Reize) a las cualidades del objeto sexual. Con esta excitación se conecta ya, por una parte, un placer; por la otra, tiene como consecuencia aumentar el estado de excitación sexual, o provocarlo cuando todavía falta. Si viene a sumarse la excitación de otra zona erógena, por ejemplo la de la mano que toca, el efecto es el mismo: una sensación de placer que pronto se refuerza con el que proviene de las alteraciones preparatorias [de los genitales], por un lado y, por el otro, un aumento de la tensión sexual que pronto adviene en el más claro desagrado si no se le permite procurarse un placer posterior. Quizá más trasparente aún es este otro caso: el de una persona no excitada sexualmente a quien se le estimula una zona erógena por contacto, como la piel del pecho en una mujer. Este contacto provoca ya un sentimiento de placer, pero al mismo tiempo es apto, como ninguna otra cosa, para despertar la excitación sexual que reclama más placer. ¿De qué modo el placer sentido despierta la necesidad de un placer mayor? He ahí, justamente, el problema.

Mecanismo del placer previo

Sea como fuere, el papel que en ese proceso cumplen las zonas erógenas es claro. Lo que vale para una vale para todas. En su conjunto se aplican para proporcionar, mediante su adecuada estimulación, una cierta cantidad de placer; de este arranca el incremento de la tensión, la cual, a su vez, tiene que ofrecer la energía motriz necesaria para llevar a su finalización el acto sexual. La penúltima pieza de este acto es, de nuevo, la estimulación apropiada de una zona erógena (la zona genital misma en el glans penis) por el objeto más apto para ello, la mucosa de la vagina; y bajo el placer que esta excitación procura, se gana, esta vez por vía de reflejo, la energía motriz requerida para la expulsión de las sustancias genésicas. Este placer último es el máximo por su intensidad, y diferente de los anteriores por su mecanismo. Es provocado enteramente por la descarga, es en su totalidad un placer de satisfacción, y con él se elimina temporalmente la tensión de la libido.

No me parece indefinido diferenciar mediante un nombre esta distinción natural entre el placer provocado por la excitación de zonas erógenas y el producido por el vaciamiento de las sustancias sexuales. El primero puede denominarse propiamente como placer previo, por oposición al placer final o placer de satisfacción de la actividad sexual. El placer previo es, entonces, lo mismo que ya podía ofrecer, aunque en menor escala, la pulsión sexual infantil; el placer final es nuevo, y por tanto probablemente depende de condiciones que sólo advienen con la pubertad. La fórmula para la nueva función de las zonas erógenas sería: Son empleadas para posibilitar, por medio del placer previo que ellas ganan como en la vida infantil, la producción del placer de satisfacción mayor.

Hace poco pude aclarar otro ejemplo, tomado de un ámbito del acaecer anímico enteramente distinto, en que de igual modo se alcanza un efecto de placer mayor en virtud de una sensación placentera menor, que opera así como una prima de estímulo, También se presentó ahí la oportunidad de analizar más de cerca la naturaleza del placer.

Peligros del placer previo

Ahora bien, el nexo del placer preparatorio con la vida sexual infantil se demuestra por el papel patógeno que puede incubrirle. Del mecanismo en que es incluido el placer preparatorio deriva, evidentemente, un peligro para el logro de la meta sexual normal: ese peligro se presenta cuando, en cualquier punto de los procesos sexuales preparatorios, el placer previo demuestra ser demasiado grande, y demasiado escasa su contribución a la tensión. Falta entonces la fuerza pulsional para que el proceso sexual continúe adelante; todo el camino se acorta, y la acción preparatoria correspondiente remplaza a la meta sexual normal. La experiencia nos dice que este perjuicio tiene por condición que la zona erógena respectiva, o la pulsión parcial correspondiente, haya contribuido a la ganancia de placer en inusual medida ya en la vida infantil. Y si todavía se suman factores que coadyuvan a la fijación, fácilmente se engendra una compulsión refractaria a que este determinado placer previo se integre en una nueva trama en la vida posterior. De esta clase es, en efecto, el mecanismo de muchas perversiones, que consisten en un retardo en actos preparatorios del proceso sexual.

El fracaso de la función del mecanismo sexual por culpa del placer previo se evita, sobre todo, cuando ya en la vida infantil se prefigura de algún modo el imperio de las zonas genitales. Los dispositivos para ello parecen estar realmente presentes en la segunda mitad de la niñez (desde los ocho años hasta la pubertad). En esos años, las zonas genitales se comportan ya de forma parecida a la época de la madurez; pasan a ser la sede de sensaciones de excitación y alteraciones preparatorias cuando se siente alguna clase de placer por la satisfacción de otras zonas erógenas; este efecto, sin embargo, sigue careciendo de fin, vale decir, en nada contribuye a la prosecución del proceso sexual. Por eso ya en la niñez se engendra, junto al placer de satisfacción, cierto monto de tensión sexual, si bien menos constante y no tan extenso. Y ahora comprendemos la razón por la cual, cuando aclarábamos las fuentes de la sexualidad, pudimos decir con igual derecho que el proceso respectivo provocaba una satisfacción sexual o bien una excitación sexual. Ahora notamos que, en nuestro camino inteligible, al comienzo concebimos marcadamente grandes las diferencias entre la vida sexual infantil y la madura; enmendemos, pues, lo anterior. Las exteriorizaciones infantiles de la sexualidad no marcan solamente el destino de las desviaciones respecto de la vida sexual normal, sino el de su conformación normal.

El problema de la excitación sexual

Nos han quedado por entero sin aclarar tanto el origen como la naturaleza de la tensión sexual que, a raíz de la satisfacción de zonas erógenas, se inicia al mismo tiempo que el placer. La conjetura más lógica, es, que esta tensión resulta de algún modo del placer mismo, no sólo es en sí muy improbable; queda invalidada por el hecho de que el placer máximo, unido a la expulsión de los productos genésicos, no produce tensión alguna; al contrario, suprime toda tensión. Por tanto, placer y tensión sexual sólo pueden estar relacionados de forma indirecta.

Papel de las sustancias sexuales

Además del hecho de que por lo general sólo la descarga de las sustancias sexuales pone fin a la excitación sexual, tenemos todavía otros agarraderos para vincular la tensión sexual con los productos sexuales. Cuando se lleva una vida continente, el aparato genésico suele descargarse de sus materiales por las noches en períodos variables, pero no carentes de toda regla. Ello ocurre con una sensación de placer y en el curso de la alucinación onírica de un acto sexual. En vista de este proceso -la polución nocturna- parece difícil dejar de entender la tensión sexual, que sabe hallar el sustituto alucinatorio en sustitución del acto, como una función de la acumulación de semen en el reservorio para los productos genésicos. En el mismo sentido hablan las experiencias que se realizan sobre el agotamiento del mecanismo sexual. Cuando la reserva de semen está vacía, no sólo resulta imposible la ejecución del acto sexual; fracasa también la estimulación de las zonas erógenas, cuya excitación, por más que sea la apropiada, ya no es capaz de provocar placer alguno. Al pasar, nos enteramos de que cierta medida de tensión sexual es necesaria para la excitabilidad de tales zonas.

Así nos vemos conducidos a una hipótesis que, si no estoy equivocado, está bastante generalizada: la acumulación de los materiales sexuales crea y sostiene a la tensión sexual; ello se debe tal vez a que la presión de estos productos sobre la pared de sus receptáculos tiene por efecto estimular un centro espinal; el estado de este es percibido por un centro superior, engendrándose así para la conciencia la conocida sensación de tensión. Si la excitación de zonas erógenas aumenta la tensión sexual ello sólo puede deberse a que tienen una prefigurada conexión anatómica con esos centros, elevan el tono mismo de la excitación y, cuando la tensión es suficiente, ponen en marcha el acto sexual, pero cuando no lo es provocan la producción de las sustancias genésicas.

Los puntos débiles de esta doctrina, que hallamos, por ejemplo, en la exposición que hace Krafft-Ebing de los procesos sexuales, residen en lo siguiente: creada para explicar la actividad genésica del hombre maduro, no tiene muy en cuenta tres situaciones cuyo aclaración debería ofrecer al mismo tiempo. Son las situaciones de los niños, de las mujeres y de los varones castrados. En ninguno de esos tres casos puede hablarse de una acumulación de productos genésicos en el mismo sentido que en el hombre, lo cual estorba la aplicación sin obstáculos del esquema; empero, debe admitirse sin más que sería posible hallar ciertos expedientes a fin de subordinarle también estos casos. De cualquier forma, queda en pie la advertencia de que no debernos atribuir a la acumulación de productos genésicos operaciones que no se puedan realizar.

Apreciación de las partes sexuales internas

Las observaciones de varones castrados parecen dar la razón que la excitación sexual es, en grado notable, independiente de la producción de sustancias genésicas. Si bien la regla es que la operación disminuya su libido, y ese es el motivo por el cual se la practicó, en ocasiones esto no ocurre. Por otro lado, hace mucho se sabe que enfermedades que aniquilaron la producción de las células genésicas masculinas dejaron intactas la libido y la potencia del individuo ahora estéril. Por eso en modo alguno es tan sorprendente como lo supone C. Rieger [1900] que la pérdida de las glándulas genésicas masculinas en la madurez pueda no tener mayor influencia sobre la conducta anímica del individuo. Es cierto que la castración practicada muy temprano, antes de la pubertad, se aproxima por su efecto a la meta de suprimir los caracteres sexuales; pero en tal caso, además de la pérdida de las glándulas genésicas mismas, también podría ser que tuviera en cuenta la inhibición del desarrollo de otros factores, vinculada con esa pérdida.

Teoría Química

Experiencias realizadas con la extirpación de las glándulas genésicas (testículos y ovarios) en animales, y la implantación alternativa de tales órganos en vertebrados, han arrojado por fin una luz incompleta sobre el origen de la excitación sexual y relegado a un plano todavía más secundario la hipotética importancia de una acumulación de los productos celulares genésicos. Ha sido posible el experimento (E. Steinach) de mudar un macho en una hembra y, a la inversa, una hembra en un macho, en cuyo proceso la conducta psicosexual del animal varía al compás de los caracteres genésicos somáticos y juntamente con ellos. Ahora bien, esta influencia determinante en lo sexual no debe atribuirse a la contribución de las glándulas genésicas que generan las células específicas (espermatozoides y óvulo), sino a sus tejidos intersticiales, que los autores han destacado por eso con el nombre de «glándulas de la pubertad». Es muy posible que posteriores indagaciones revelen que las glándulas de la pubertad tienen normalmente una disposición andrógina, lo cual concedería un fundamento anatómico a la doctrina de la bisexualidad de los animales superiores. Y quizás es probable que no sean el único órgano que contribuye a la excitación y a los caracteres sexuales. Comoquiera que fuese, este nuevo descubrimiento biológico viene a sumarse a lo que ya hemos averiguado sobre el papel de la tiroides en la sexualidad. Estamos autorizados a pensar que en el sector intersticial de las glándulas genésicas se producen ciertas sustancias químicas que, recogidas por el flujo sanguíneo, cargan de tensión sexual a ciertos sectores del sistema nervioso central. En el caso de sustancias venenosas introducidas en el cuerpo desde fuera, ya conocemos una trasposición de esa clase, de un estímulo tóxico en un particular estímulo de órgano. En cuanto al modo en que la excitación sexual se produce por estimulación de zonas erógenas, previa carga del aparato central, y a las combinaciones entre efectos de estímulos puramente tóxicos y fisiológicos, que se producen a raíz de estos procesos sexuales, tales problemas sólo pueden analizarse por vía de hipótesis y no es este el lugar para ocuparnos de ellos. Bástenos establecer, como lo esencial de esta concepción de los procesos sexuales, la hipótesis de que existen sustancias particulares que provienen del metabolismo sexual. En efecto, esta tesis, aparentemente arbitraria, viene sostenida por una intelección poco tenida en cuenta, pero digna de la mayor atención. Las neurosis que admiten ser reconducidas a perturbaciones de la vida sexual muestran la máxima semejanza clínica con los fenómenos de la intoxicación y la abstinencia a raíz del consumo habitual de sustancias tóxicas productoras de placer (alcaloides).

La teoría de la libido*

Las representaciones auxiliares que nos hemos formado con vistas a dominar las exteriorizaciones psíquicas de la vida sexual se corresponden perfectamente con las anteriores conjeturas sobre la base química de la excitación sexual. Hemos recogido el concepto de la libido como una fuerza susceptible de variaciones cuantitativas, que podría medir procesos y trasposiciones en el ámbito de la excitación sexual. Con relación a su origen particular, la diferenciamos de la energía que ha de suponerse en la base de los procesos anímicos en general, y le conferimos así un carácter también cualitativo. Al separar la energía libidinosa de otras clases de energía psíquica, damos expresión a la premisa de que los procesos sexuales del organismo se diferencian de los procesos de la nutrición por un quimismo particular. El análisis de las perversiones y psiconeurosis nos ha permitido descubrir que esta excitación sexual no es ofrecida sólo por las partes llamadas genésicas, sino por todos los órganos del cuerpo. Así llegamos a la repre-

---

* La líbido es una energía motriz asociada a los instintos de vida. Energía que anima al instinto de la búsqueda del placer. Para Freud, todo estado afectivo y sobre todo la pulsión sexual se asocia con la líbido. A lo largo del desarrollo del niño, la líbido se localiza en ciertas zonas erógenas o determinados objetos, el psicoanálisis explica numerosos rasgos del carácter o variados comportamientos indultados como fijaciones de la líbido en distintos puntos de su evolución o como regresión hacia ellos.

Cuanto más aumenta la líbido objetal más se empobrece la líbido yoica o del yo y viceversa. Aún en el estado amoroso se produce una sobrevaloración del objeto, por el contrario en la melancolía y en la hipocondría se observa una retracción de la líbido del yo. (yoica)

sentación de un quantum de libido a cuya substitución psíquica llamamos libido yoica; la producción de esta, su aumento o su disminución, su distribución y su desplazamiento, están destinados a ofrecernos la posibilidad de explicar los fenómenos psicosexuales observados.

Ahora bien, esta libido yoica únicamente se vuelve cómodamente accesible al estudio analítico cuando ha encontrado empleo psíquico en la investidura de objetos sexuales, vale decir, cuando se ha convertido en libido de objeto. La vemos concentrarse en objetos, fijarse a ellos o bien abandonarlos, pasar de unos a otros y, a partir de estas posiciones, conducir el quehacer sexual del individuo, el cual lleva a la satisfacción, o sea, a la extinción parcial y temporaria de la libido. El psicoanálisis de las denominadas neurosis de trasferencia (histeria y neurosis obsesiva) nos trae una visión cierta de esto.

Por otra parte, podemos conocer, en cuanto a los destinos de la libido de objeto, que es quitada de los objetos, se mantiene vacilante en particulares estados de tensión y, por último, es recogida en el interior del yo, con lo cual se convierte de nuevo en libido yoica. A esta última, por oposición a la libido de objeto, la llamamos también libido narcisista. Desde el psicoanálisis barruntamos, como por encima de una barrera que no nos está permitido vadear, en el interior de la fábrica de la libido narcisista; así nos formamos una representación acerca de la relación entre ambas. La libido narcisista o libido yoica se nos aparece como la gran reserva desde la cual son emitidas las investiduras de objeto y al cual vuelven a recogerse; y la investidura libidinal narcisista del yo, como el estado originario realizado en la primera infancia, que sólo se esconde por los envíos posteriores de la libido, pero se conserva en el interior tras ellos.

Una teoría de la libido en el campo de las perturbaciones neuróticas y psicóticas tendría como labor expresar todos los fenómenos observados y los procesos descubiertos en los términos de la economía libidinal. Es fácil darse cuenta que los destinos de la libido yoica poseen con relación a ello la mayor importancia, en particular cuando se trata de explicar las perturbaciones psicóticas más acusados. La dificultad reside, entonces, en el hecho de que el medio de nuestra indagación, el psicoanálisis, por ahora sólo nos ha proporcionado noticia cierta sobre las mudanzas de la libido de objeto, pero no pudo separar claramente la libido yoica de las otras energías que actúan en el interior del yo. Por eso,una prosecución de la teoría de la libido sólo es factible, provisionalmente, por camino teórico. Sin embargo, se renuncia a todo lo ganado hasta ahora gracias a la observación psicoanalítica cuando, siguiendo a C. G. Jung, se disuelve el concepto de la libido haciéndolo coincidir con el de una fuerza pulsional psíquica en general.

La separación entre los impulsos pulsionales sexuales y las otras, y por consiguiente la restricción del concepto de libido a las primeras, encuentra un fuerte apoyo en la hipótesis, ya considerada aquí, de un quimismo particular de la función sexual.

Diferenciación entre el hombre y la mujer

Como se sabe, sólo con la pubertad se establece la separación total entre el carácter masculino y el femenino, una oposición que después influye de manera más decisiva que cualquier otra sobre la conducta vital de los seres humanos. Es cierto que ya en la niñez son reconocibles disposiciones masculinas y femeninas; el desarrollo de las inhibiciones de la sexualidad (vergüenza, asco, compasión) se cumple en la niña pequeña antes y con menores resistencias que en el varón; en general, parece mayor en ella la inclinación a la represión sexual; toda vez que se insinúan claramente pulsiones parciales de la sexualidad, adoptan preferentemente la forma pasiva. Pero la activación autoerótica de las zonas erógenas es igual en los dos sexos, y esta similitud trae consigo la negación en la niñez de la posibilidad de una diferencia entre los sexos como la que se realza después de la pubertad. Con respecto a las manifestaciones sexuales autoeróticas y masturbatorias, podría enunciarse esta tesis: La sexualidad de la niña pequeña posee un carácter enteramente masculino. Todavía más: sí supiéramos dar un contenido más preciso a los conceptos de «masculino» y «femenino», podría defenderse también la afirmación de que la libido es regularmente, y con arreglo a ley, de naturaleza masculina, ya se presente en el hombre o en la mujer, y prescindiendo de que su objeto sea el hombre o la mujer.

Desde que me he familiarizado con el punto de vista de labisexualidad, considero que ella es el factor decisivo en este aspecto, y que sin tenerla en cuenta no será fácil llegar a comprender las manifestaciones sexuales del hombre y la mujer como nos las muestra la observación de los hechos.

Zonas rectoras en el hombre y en la mujer

Además de lo precedente, únicamente puedo agregar esto: en la niña la zona erógena rectora se sitúa sin duda en el clítoris, y es por tanto semejante a la zona genital masculina, el glande. Todo lo que he podido averiguar mediante la experiencia acerca de la masturbación en las niñas pequeñas se circunscribía al clítoris y no a las partes de los genitales externos que después toman preponderancia para las funciones genésicas. Y aun pongo en duda que la influencia de la seducción pueda provocar en la niña otra cosa que una masturbación en el clítoris; lo contrario sería totalmente excepcional. Las descargas espontáneas del estado de excitación sexual, tan comunes justamente en la niña pequeña, se manifiestan en contracciones del clítoris; y las frecuentes erecciones de este posibilitan a la niña juzgar con acierto acerca de las exteriorizaciones sexuales del varón, incluso sin ser instruida en ellas: simplemente le transmite las sensaciones de sus propios procesos sexuales.

Si se quiere entender el camino por el cual la niña se hace mujer, es necesario perseguir los posteriores destinos de esta excitabilidad del clítoris. La pubertad, que en el varón trae aparejado aquel gran empuje de la libido, se caracteriza para la muchacha por una nueva oleada de represión, que afecta concretamente a la sexualidad del clítoris. Es un sector de vida sexual masculina el que así cae bajo la represión. El refuerzo de las inhibiciones sexuales, creado por esta represión que sobreviene a la mujer en la pubertad, proporciona después un estímulo a la libido del hombre, que se ve forzada a intensificar sus operaciones; y junto con la altitud de su libido aumenta su sobrestimación sexual, que en su cabal medida sólo tiene valimiento para la mujer que se niega, que desmiente su sexualidad. Y más tarde, cuando por fin el acto sexual es permitido, el mismo clítoris es excitado, y sobre él recae el papel de retrasmitir esa excitación a las partes femeninas vecinas, tal como un haz de ramas resinosas puede emplearse para encender una leña de combustión más difícil. Con frecuencia hace falta cierto tiempo para que se realice esa trasferencia. Durante ese lapso la joven es insensible. Esta insensibilidad puede ser duradera cuando la zona del clítoris se rehusa a ceder su excitabilidad; una activación intensa en la niñez predispone a ello. Como es sabido, la insensibilidad de las mujeres no es frecuentemente sino aparente, local. Son anestésicas en la vagina, pero en modo alguno son inexcitables desde el clítoris o incluso desde otras zonas. Y después, a estas ocasiones erógenas de la insensibilidad se vienen a añadir además las psíquicas, igualmente condicionadas por represión.

Toda vez que logra trasferir la excitabilidad erógena del clítoris a la vagina, la mujer ha mudado la zona rectora para su práctica sexual posterior. Por el contrario, el hombre la conserva desde la infancia. En este cambio de la zona erógena rectora, así como en la oleada represiva de la pubertad que, por así decir, elimina la virilidad infantil, residen las principales condiciones de la inclinación de la mujer a la neurosis, en particular a la histeria. Estas condiciones se enlazan entonces, y de la manera más íntima, con la naturaleza de la feminidad.

El hallazgo de objeto

Durante los procesos de la pubertad se ratifica el dominio de las zonas genitales, y en el varón, el ímpetu del miembro erecto se dirige imperativamente a la nueva meta sexual: penetrar en una cavidad del cuerpo que excite la zona genital. Paralelamente, desde el lado psíquico, se consuma el hallazgo de objeto, preparado desde la más temprana infancia. Cuando la primerísima satisfacción sexual se encontraba aún conectada con la nutrición, la pulsión sexual tenía un objeto fuera del cuerpo propio: el pecho materno. Lo perdió poco más tarde, quizá justo en la época en que el niño pudo formarse la representación global de la persona a quien pertenecía el órgano que le dispensaba el placer. A continuación la pulsión sexual pasa a ser, regularmente, autoerótica, y únicamente después de superado el período de latencia se restablece la relación primera. No sin buen fundamento el hecho de mamar el niño del pecho de su madre se vuelve paradigmático para todo vínculo de amor. El hallazgo (encuentro) de objeto es propiamente un reencuentro.

Objeto sexual del período de lactancia

Pero de estos vínculos sexuales, los primeros y los más importantes de todos, permanece, incluso luego de que la actividad sexual se divorció de la nutrición, una parte considerable, que ayuda a preparar la elección de objeto y, así, a restaurar la felicidad perdida. A lo largo de todo el período de latencia, el niño aprende a amar a otras personas que remedian su debilidad y satisfacen sus necesidades, Lo hace continuando en todo el modelo de sus vínculos de lactante con la nodriza, y prosiguiéndolos. Tal vez no se desee identificar con el amor sexual los sentimientos de ternura y el aprecio que el niño alienta hacia las personas que lo cuidan; pero yo opino que una investigación psicológica más exacta establecerá esa identidad por encima de cualquier duda. El trato del niño con la persona que lo cuida es para él una fuente continua de excitación y de satisfacción sexuales a partir de las zonas erógenas, y tanto más por el hecho de que esa persona -por regla general, la madre- dirige sobre el niño sentimientos que brotan de su vida sexual, lo, acaricia, lo besa y lo mece, y claramente lo toma como sustituto de un objeto sexual de pleno derecho. La madre se horrorizaría, probablemente, si se le explicarse que con todas sus muestras de ternura despierta la pulsión sexual de su hijo y prepara su posterior intensidad. Juzga su conducta como un amor «puro», asexual, e incluso evita con tacto aportar a los genitales del niño más excitaciones que las indispensables para el cuidado del cuerpo. Pero ya sabemos que la pulsión sexual no es despertada únicamente por excitación de la zona genital; lo que llamamos ternura sin duda influirá un día también sobre las zonas genitales. Ahora bien: si la madre conociera mejor la gran importancia que tienen las pulsiones para toda la vida anímica, para todos los logros éticos y psíquicos, se liberaría los autorreproches incluso después de esta aclaración. Cuando enseña al niño a amar, no enseña sino a cumplir su deber; al que tiene que convertirse en un ser humano íntegro, dotado de una enérgica necesidad sexual, y consumar en su vida todo aquello hacia lo cual la pulsión empuja a los individuos. CIertamente, un exceso de ternura de parte de los padres resultará perjudicial, pues precipitará su maduración sexual; y también «malcriará» al niño, lo hará incapaz de renunciar por el momento al amor en su vida posterior, o satisfacerse con un grado más exiguo de este. Una de las mejores premoniciones de la posterior neurosis es que el niño se muestre voraz en su demanda de ternura a los padres; y, por otra parte, son casi siempre padres neuropáticos los que se inclinan a ofrecer una ternura sin medida, y contribuyen en grado notable con sus mimos a despertar la disposición del niño para contraer una neurosis. Por lo demás, este ejemplo nos enseña que los padres neuróticos poseen caminos más directos que el de la herencia para trasferir su perturbación a sus hijos.

Angustia infantil

Los propios niños se conducen desde temprano como si su aprecio por las personas que los cuidan tuviera la naturaleza del amor sexual. La angustia de los niños no es en principio nada más que la expresión de su añoranza de la persona amada; por eso contestan a todo extraño con angustia; poseen miedo de la oscuridad porque en esta no se ve a la persona amada, y se dejan calmar si pueden tomarle la mano. Se sobrestima el efecto de todos los espantaniños y todos los horripilantes relatos de las niñeras cuando se los hace culpables de producir ese estado de desasosiego. Sólo los niños que tienden al estado de desasosiego recogen tales relatos, que en otros no tendrán consecuencias; y al estado de desasosiego tienden tan solo niños de pulsión sexual hipertrófica, o prematuramente desarrollada, O suscitada por los mimos excesivos. En esto el niño se conduce como el adulto: tan pronto como no puede satisfacer su libido, la muda en desasosiego; y a la inversa, el adulto, cuando se ha vuelto neurótico por una libido insatisfecha, se porta en su desasosiego como un niño: empezará a tener miedo apenas quede solo (vale decir, sin una persona de cuyo amor crea estar seguro) y a querer apaciguar su desasosiego con las medidas más pueriles.

La barrera del incesto

Cuando la ternura que los padres arrojan sobre el niño ha evitado despertarle la pulsión sexual demasiado pronto -es decir, antes que se produzcan las condiciones corporales propias de la pubertad-, y despertársela con fuerza tal que la excitación anímica se abra paso de forma segura hasta el sistema genital, aquella pulsión puede cumplir su cometido: conducir a este niño, llegado a la madurez, hasta la elección del objeto sexual. En verdad, lo más cercano para el niño sería escoger como objetos sexuales precisamente a las personas a quienes desde su infancia ama, por así decir, con una libido amortiguada. Pero, en virtud del diferimiento de la maduración sexual, se ha ganado tiempo para erigir, junto a otras inhibiciones sexuales, el obstáculo del incesto, y para implantar en él los preceptos éticos que excluyen expresamente de la elección de objeto, por su calidad de parientes consanguíneos, a las personas amadas de la niñez. El respeto de este obstáculo es en especial una exigencia cultural de la sociedad: tiene que impedir que la familia absorba unos intereses que necesita para establecer unidades sociales superiores, y por eso en todos los individuos, pero en especial en los muchachos adolescentes, se vale de todos los recursos para aflojar los lazos que mantienen con su familia, los únicos decisivos en la infancia.

Sin embargo, la elección de objeto se consuma primero en la [esfera de la] representación; y es difícil que la vida sexual del joven que madura pueda desarrollarse en otro espacio de juego que el de las fantasías. Es decir, imágenes no destinadas a ser realizadas. Como consecuencia de estas fantasías vuelven a emerger en todos los hombres las inclinaciones infantiles, sólo que ahora con un refuerzo físico. Y entre estas, en primer lugar, y con la frecuencia de una ley, la moción sexual del niño hacia sus progenitores, casi siempre ya diferenciada por la atracción del sexo opuesto: la del varón hacia su madre y la de la niña hacia su padre.

Contemporáneo al doblegamiento y la desestimación de estas fantasías claramente incestuosas, se consuma uno de los logros psíquicos más importantes, pero también más penosos, del período de la pubertad: el alejamiento respecto de la autoridad de los progenitores, el único que crea la oposición, tan importante para el progreso de la cultura, entre la nueva generación y la antigua. Un número de individuos se queda atrás en cada una de las estaciones de esta vía de desarrollo que todos han de recorrer. Así, hay personas que jamás superaron la autoridad de los padres y no les retiraron su ternura o lo hicieron únicamente de forma muy parcial. Son casi siempre muchachas: de tal suerte, para satisfacción de sus progenitores, conservan plenamente su amor infantil mucho más allá de la pubertad. Y resulta muy instructivo encontrarse con que a estas muchachas, en su posterior matrimonio, se les ha quebrantado la capacidad de ofrecer a sus esposos lo que es debido. Pasan a ser esposas frías y permanecen sexualmente insensibles. Esto enseña que el amor a los padres, no sexual en apariencia, y el amor sexual se alimentan de las mismas fuentes; vale decir: el primero corresponde solamente a una fijación infantil de la libido.

A medida que nos acercamos a las perturbaciones más graves del desarrollo psicosexual, más inequívocamente sobresale la importancia de la elección incestuosa de objeto. En los psiconeuróticos, una gran parte de la actividad psicosexual para el hallazgo de objeto, o toda ella, permanece en el inconciente. Para las muchachas que poseen una exagerada necesidad de ternura, y un horror igualmente exagerado a los requerimientos reales de la vida sexual, pasa a ser una tentación irresistible, por un lado, realizar en su vida el ideal del amor asexual y, por el otro, ocultar su libido tras una ternura que pueden mostrar sin autorreproches, conservando a lo largo de toda su vida la inclinación infantil, renovada en la pubertad, hacia los padres o hermanos. El psicoanálisis puede demostrarles sin trabajo a estas personas que están enamoradas, en el sentido corriente del término, de esos parientes consanguíneos suyos; lo hace indagando, valiéndose de los síntomas y otras manifestaciones patológicas, sus pensamientos inconcientes, y traduciéndolos a pensamientos concientes. Igualmente en aquellos casos en que una persona, antes sana, enferma después de padecer una experiencia de amor desdichada, se puede descubrir con certeza, como mecanismo de su enfermedad, la reversión de su libido a las personas predilectas de la niñez.

Efectos posteriores de la elección infantil de objeto

Ni tan sólo quien ha evitado felizmente la fijación incestuosa de su libido se sustrae por completo de su influencia. El hecho de que el primer enamoramiento serio del joven, como es tan frecuente se dirija a una mujer madura, y el de la muchacha a un hombre mayor, dotado de autoridad, es un claro eco de esta fase del desarrollo: pueden revivirles, en efecto, la imagen de la madre y del padre. Quizá la elección de objeto, en general, se produce a través de un apuntalamiento, más libre, en estos modelos. El varón persigue, ante todo, la imagen mhémonica de la madre, tal como gobierna en él desde el principio de su infancia; y armoniza plenamente con ello que la madre, todavía viva, se revuelva contra esta renovación suya y le demuestre hostilidad. Dada esta importancia de los vínculos infantiles con los padres para la posterior elección del objeto sexual, es fácil comprender que cualquier perturbación de ellos haga madurar las más serias consecuencias para la vida sexual adulta; ni tan sólo los celos del amante carecen de esa raíz infantil o, al menos, de un refuerzo proveniente de lo infantil. Discordias entre los padres, su vida conyugal desdichada, traen consigo la más grave predisposición a un desarrollo sexual perturbado o a la contracción de una neurosis por parte de los hijos.

La inclinación infantil hacia los padres es sin paliativo la más importante, pero no el único, de los caminos que, renovados en la pubertad, marcan después la dirección a la elección de objeto. Otras semillas del mismo origen permiten al hombre, apuntalándose siempre en su infancia, desarrollar más de una serie sexual y plasmar condiciones totalmente variadas para la elección de objeto.

Prevención de la inversión

Una de las tareas que plantea la elección de objeto consiste en no errar el sexo opuesto. Ciertamente, no se soluciona sin algún tanteo. Con harta frecuencia, las primeras mociones que sobrevienen tras la pubertad andan descaminadas (aunque ello no provoca un daño permanente). Dessoir [1894] hizo notar con acierto la ley que se trasparenta en las apasionadas amistades de los adolescentes, varones y niñas, por los de su mismo sexo. El gran poder que pone en guardia una inversión permanente del objeto sexual es, sin duda, la atracción recíproca de los caracteres sexuales opuestos; en el presente contexto no podemos dar explicación alguna acerca de estos últimos. Pero ese factor no basta por sí solo para excluir la inversión; vienen a agregarse toda una serie de factores coadyuvantes. Especialmente, la inhibición autoritativa de la sociedad: donde la inversión no es considerada un crimen, puede observarse que responde puntualmente a las inclinaciones sexuales de no pocos individuos. Además, en el caso del varón, es posible que su recuerdo infantil de la ternura de la madre y de otras personas del sexo femenino de quienes dependía cuando niño contribuya con fuerza a dirigir su elección hacía la mujer; y que, al propio tiempo, el temprano amedrentamiento sexual que experimentó de parte de su padre, y su actitud de competencia hacia él, lo desvían de su propio sexo. Pero ambos factores son válidos asimismo para la muchacha, cuya práctica sexual se encuentra bajo la particular tutela de la madre. El resultado es un vínculo contrario con su mismo sexo, que influye decisivamente para que la elección de objeto se haga en el sentido considerado normal. La educación de los varones por personas del sexo masculino (esclavos, en el mundo antiguo) parece contribuir a la homosexualidad; la frecuencia de la inversión en la nobleza de nuestros días se vuelve tal vez algo más comprensible si se repara en el empleo de servidumbre masculina, así como en la escasa atención personal que la madre prodiga a sus hijos. En muchos histéricos, la ausencia prematura de uno de los miembros de la pareja parental (por muerte, divorcio o enajenación recíproca), a consecuencia de la cual el miembro restante atrajo sobre sí todo el amor del niño, resulta ser la condición que fija después el sexo de la persona escogida como objeto sexual y, de esta forma, acarrea una inversión permanente.

Resumen

Hemos llegado a un punto en que quizás sea bueno ensayar una síntesis. Partimos de las aberraciones de la pulsión sexual con referencia a su objeto y a su objetivo; nos cuestionamos si ellas brotaban a consecuencia de una disposición innata o se adquirían por las influencias de la vida. Obtuvimos la respuesta a partir de la intelección de las circunstancias que rodean a la pulsión sexual en el caso de los psiconeuróticos -un grupo numeroso de seres humanos, no alejado del de los sanos-. Fue la pesquisa psicoanalítica la que nos procuró esa intelección. Encontramos, pues, que en esas personas las inclinaciones a todas las perversiones eran analizables como unos poderes inconcientes que se traslucían como formadores de síntoma. Pudimos afirmar que la neurosis es, en cierta manera, un negativo de la perversión. Reconocimos entonces que las inclinaciones perversas se hallan muy difundidas; y a partir de ese hecho, se nos impuso este punto de vista: la disposición a las perversiones es la disposición originaria y universal de la pulsión sexual de los seres humanos, y partiendo de ella, a consecuencia de alteraciones orgánicas e inhibiciones psíquicas, se origina en el curso de la maduración la conducta sexual normal. Pusimos entonces la esperanza de descubrir en la niñez esa disposición originaria; entre los poderes que rodean la orientación de la pulsión sexual, destacamos la vergüenza, el asco, la compasión y las construcciones sociales de la moral y la autoridad. Así, en todo cuanto constituye una aberración fijada respecto de la vida sexual normal, no pudimos menos que encontrar una cuota de inhibición del desarrollo y de infantilismo. Tuvimos que situar en primer plano la significatividad de las variaciones de la disposición originaria, pero suponer entre ellas y las influencias de la vida una relación de cooperación y no de rivalidad. Por otra parte, puesto que la disposición originaria no puede menos que ser compleja, nos pareció que la pulsión sexual misma era algo compuesto por muchos factores; y que en las perversiones, estos se disgregaban, por así decir, en sus componentes. De tal manera, las, perversiones se revelaron por una parte como inhibiciones, y por la otra como disociaciones, del desarrollo normal. Ambas concepciones convergieron en una hipótesis: la pulsión sexual del adulto trae consigo una aspiración con una única meta sexual mediante la composición de múltiples mociones de la vida infantil en una unidad.

Y a esto añadimos todavía la aclaración de la preponderancia de las inclinaciones perversas en el caso de los psiconeuróticos: la discernimos como el llenado colateral de unos canales secundarios a raíz de un corrimiento del cauce principal, provocado por la «represión»; hecho esto, pasamos a analizar la vida sexual en la infancia. Nos pareció penoso que se negara la existencia de la pulsión sexual en la infancia, y que en muchas ocasiones exteriorizaciones de esa clase observadas en el niño se tuvieran como excepciones a la regla. Más bien consideramos que este trae consigo al mundo gérmenes de actividad sexual, y ya en el acto de ingerir alimento goza también una satisfacción sexual que después desea crearse, una y otra vez, en la bien conocida actividad del «chupeteo». Pero la práctica sexual del niño no se desarrolla al mismo paso que sus otras funciones, sino que, tras un breve período de florecimiento entre los dos y los cinco años, ingresa en el período llamado de estado de latencia. En este, la producción de excitación sexual de ninguna manera: se suspende, sino que perdura y ofrece un acopio de energía que en su mayor parte se emplea para otros fines, distintos de los sexuales, a saber: por un lado, para aportar los componentes sexuales de ciertos sentimientos sociales, y por el otro (por medio de la represión y la formación contraria), para erigir las posteriores barreras sexuales. Así, a expensas de la mayoría de las llamadas sexuales perversas, y con ayuda de la educación, se erigirán en la infancia los poderes destinados a mantener la pulsión sexual dentro de ciertas vías. Otra parte de las pulsiones sexuales infantiles escapa a estas normas y puede exteriorizarse como práctica sexual. Según defendimos, puede averiguarse entonces que la excitación sexual del niño se origina de variadas fuentes. Sobre todo, produciría satisfacción la apropiada excitación sensible de las llamadas zonas erógenas; al parecer, pueden actuar en calidad de tales todo lugar de la piel y cualquier órgano de los sentidos (y quizás cualquier órgano); sin embargo, existen ciertas zonas erógenas sobresalientes cuya excitación estaría asegurada desde el comienzo por ciertos dispositivos orgánicos. Además, se origina una excitación sexual, por así decir como producto secundario, a consecuencia de una gran serie de procesos que tienen lugar en el organismo, tan pronto alcanzan cierta intensidad; y en especial, lo propio sucede como consecuencia de todo movimiento intenso del ánimo, así sea de naturaleza penosa. Las excitaciones provenientes de todas estas fuentes no se reunen todavía, sino que persiguen por separado su objetivo, que no es otra que la obtención de un cierto placer. De ello deducimos, por consiguiente, que en la niñez la pulsión sexual no está centrada y al principio carece de objeto, vale decir, es autoerótica.

Desde la infancia comienza a hacerse notable la zona erógena de los genitales, sea porque, como cualquier otra zona erógena, engendra satisfacción ante una adecuada estimulación sensible, o porque, de una manera que no comprendemos del todo, la satisfacción obtenida desde otras fuentes produce al mismo tiempo una excitación sexual que repercute singularmente en la zona genital. Tenemos que lamentar que todavía no pueda alcanzarse una aclaración suficiente de los lazos entre satisfacción y excitación sexuales, así como entre la actividad de la zona genital y la de las restantes focos de la sexualidad.

El estudio de las perturbaciones neuróticas nos ha hecho notar que en la vida sexual infantil pueden revelarse, desde el comienzo mismo, atisbos de una organización de los componentes pulsionales sexuales. En una primera fase, muy temprana, el erotismo oral se coloca en el primer plano; una segunda de estas organizaciones «pregenitales» se caracteriza por el predominio del sadismo y del erotismo anal; sólo en una tercera fase (que en el niño se desarrolla únicamente hasta el primado del falo) la vida sexual pasa a ser dirigida por la participación de las zonas genitales propiamente dichas.

Una de las más asombrosas averiguaciones fue la que nos llevó a comprobar que este temprano surgimiento de la vida sexual infantil (de los dos hasta los cinco años) hace madurar también una elección de objeto, con todas las complicadas operaciones anímicas que ello trae consigo; y de tal forma que la fase que se le asocia y le corresponde, a pesar de la falta de una síntesis de los componentes pulsionales específicos y de la imprecisión de la meta sexual, tiene que considerarse como importante precursora de la organización sexual definitiva.

El hecho de la acometida en dos tiempos del desarrollo sexual en el ser humano, vale decir, su interrupción por el período de tranquilidad, nos pareció digno de especial atención. En ese hecho parece compendiarse una de las condiciones de la aptitud del hombre para el desarrollo de una cultura superior, pero también de su inclinación a la neurosis. En el linaje animal del hombre no podemos encontrar nada semejante. La génesis de esta propiedad humana habría que buscarla en la historia primordial de la especie.

No pudimos concretar la medida a partir de la cual las prácticas sexuales de la infancia dejan de ser normales y se vuelven dañinas para el desarrollo posterior. El carácter de las exteriorizaciones sexuales se reveló con predominio de la masturbación. Además, la experiencia nos permitió comprobar que influencias externas como la seducción pueden provocar intrusiones prematuras en el período de tranquilidad hasta llegar a cancelarlo, y que en tales casos la pulsión sexual del niño se acredita de hecho como perversa polimorfa; averiguamos también que cualquier actividad sexual temprana de esa clase perjudica la posibilidad de educar al niño.

A pesar de las lagunas que presentan nuestras intelecciones de la vida sexual infantil, nos vimos conducidos;

seguidamente a ensayar el estudio de las trasformaciones que le sobrevienen con la emergencia de la pubertad. Destacamos dos como las decisivas: la subordinación de todas las otras fuentes originarías de la excitación sexual bajo el imperio de las zonas genitales, y el proceso del hallazgo del objeto. Ambas ya se encuentran prefiguradas en la vida infantil. La primera se consuma por el mecanismo de satisfacción del placer previo: los otros actos sexuales autónomos, que van unidos a un placer y a una excitación, pasan a ser actos preparatorios para el nuevo objetivo sexual, el vaciamiento de los productos genésicos; y la consecución de esta meta, bajo un placer extraordinario, consuma la excitación sexual. A consecuencia de esto habíamos considerado la diferenciación de la sexualidad masculina y femenina, y hallamos que esta última se vale de una nueva represión que suprime un sector de virilidad infantil y prepara a la mujer para el cambio de la zona genital rectora. Por último, encontramos que la elección de objeto es guiada por los indicios infantiles, renovados en la pubertad, de inclinación sexual del niño hacia sus padres y los encargados de cuidarlo, y, desviada de estas personas por la barrera del incesto levantada entretanto, se orienta hacía otras semejantes a ellas. Añadamos, finalmente, que en el curso del período de transición constituido por la pubertad los procesos de desarrollo somáticos y los psíquicos marchan durante un tiempo sin entrar en contacto entre sí, hasta que irrumpe una intensa moción anímica de amor que, enlazando los genitales, trae consigo la unidad de la función de amor que la normalidad requiere.

Factores que perturban el desarrollo

Como ya lo explicamos con diversos ejemplos, todo paso en esta larga senda de desarrollo puede convertirse en un lugar de fijación, y todo punto de articulación de esta complicada síntesis, en la ocasión de un proceso disociador de la pulsión sexual. Nos queda todavía exponer un panorama de los diversos factores, internos y externos, que perturban el desarrollo, y señalar los lugares del mecanismo afectados por la perturbación que aquellos traen consigo. Pensemos que los factores que se incluyen en una misma serie pueden ser de valor desigual, y estemos preparados para tropezar con algunas dificultades en la valoración de cada uno de ellos por separado.

Constitución y herencia

En primer lugar, cabe mencionar aquí la diferencia innata de la constitución sexual. Es probable que sobre ella recaiga el peso principal, pero, según se comprende, es notoria únicamente a partir de sus exteriorizaciones posteriores, y ni siquiera entonces lo es con gran claridad. La imaginamos como el predominio de esta o la otra de las variadas fuentes de la excitación sexual, y suponemos que esa diferencia entre las disposiciones tiene que expresarse de alguna forma en el resultado final, aunque este se mantenga dentro de las fronteras de lo normal. Por cierto, son concebibles también variantes de la disposición originaria que necesariamente, y sin ayuda posterior, lleven a moldear una vida sexual anormal. Puede llamárselas «degenerativas», y considerárselas expresión de una tara heredada. En relación con esto puedo informar sobre un hecho notable. En más de la mitad de los casos de histeria, de neurosis obsesiva, etc., que tuve bajo tratamiento psicoterapéutico, me fue posible demostrar que el padre había padecido una sífilis antes de casarse, ya consistiese en una tabes o una parálisis progresiva, o pudiese establecerse de algún otro modo por vía de la anamnesis. Consigno expresamente que los niños después neuróticos no revelaban ninguna huella corporal de lúes hereditaria, de suerte que justamente su constitución sexual anormal debía considerarse la secuela última de su herencia luética. Lejos estoy de suponer que la descendencia de padres sifilíticos sea la condición etiológica regular o infaltable de la constitución neuropática; sin embargo, no creo que la coincidencia por mí observada sea fruto de la casualidad o irrelevante.

Las condiciones hereditarias de los perversos positivos son menos conocidas, porque ellos suelen sortear las pesquisas. Sin embargo, existe fundamento para suponer válido en las perversiones algo similar a lo que ocurre en las neurosis. Así pues, no es extraño encontrar en una misma familia perversión y psiconeurosis distribuidas así entre los sexos: los miembros masculinos, O uno de ellos, son perversos positivos, pero los miembros femeninos, de acuerdo con la inclinación de su sexo a la represión, son perversos negativos, histéricos. Es una buena prueba de la copertenencia que hemos encontrado entre ambas perturbaciones.

Procesamiento ulterior

Por otro lado, no puede sostenerse el punto de vista de que la conformación de la vida sexual quedaría determinada sólo por el planteo inicial de los diversos componentes en la constitución sexual. En realidad el proceso de condicionamiento continúa, y las posibilidades posteriores dependen del destino que experimenten los tributarios de la sexualidad que vierten de cada una de las fuentes. Está claro que este procesamiento ulterior decide en definitiva; en efecto, una constitución idéntica en términos descriptivos puede ser llevada por aquella a tres diversos desenlaces finales:

1) Cuando todas las disposiciones se mantienen en su proporción relativa, considerada anormal, y se fortalecen con la maduración, el resultado final no puede ser otro que una vida sexual perversa. Todavía no se ha acometido un análisís en regla de estas disposiciones constitucionales anormales; sin embargo, ya conocemos situaciones con la facilidad explicables mediante hipótesis de esa clase. Por ejemplo, acerca de toda una serie de perversiones por fijación, los autores opinan que tendrían como premisa necesaria una debilidad innata de la pulsión sexual. Expresada en esa forma, tal concepción me parece insostenible; pero cobra pleno sentido si se alude a una debilidad constitucional de un factor de la pulsión sexual, la zona genital, zona que más tarde cobra la función de sintetizar las diversas prácticas sexuales para la meta de la reproducción. Entonces esa síntesis, necesaria en la pubertad, no puede menos que fracasar, y los más fuertes entre los otros componentes de la sexualidad impondrán su práctica como perversión.

2) Otro es el desenlace cuando en el curso del desarrollo algunos componentes, que en la disposición eran hiperintensos, sufren el proceso de la represión. En cuanto a esta, tenemos que mencionar que no equivale a una supresión (Aufhebung). Las excitaciones correspondientes se continúan produciendo como antes, pero un estorbo psíquico les impide alcanzar su objetivo y las empuja por otros derroteros, hasta que consiguen expresarse como síntomas. El resultado puede aproximarse a la vida sexual normal -casi siempre restringida en tales casos-, pero complementada con una patología psiconeurótica. Son precisamente los casos que conocemos bien por la exploración psicoanalítica. de neuróticos. La vida sexual de estas personas se ha iniciado como la de los perversos; todo un sector de su infancia está colmado de una actividad sexual perversa, que en ocasiones pervive hasta más allá de la madurez. Más tarde, por causas internas, se produce -casi siempre antes de la pubertad, pero en algunos casos después- un vuelco represivo, y en adelante, sin que las viejas pulsiones se extingan, la neurosis remplaza a la perversión. Recuérdese el proverbio: «Prostituta de joven, de vieja mojigata», sólo que aquí la juventud ha sido muy corta. Este relevo de la perversión por la neurosis en la vida de una misma persona debe coordinarse, lo mismo que la ya citada distribución de perversión y neurosis entre diversos miembros de una misma familia, con la intelección según la cual la neurosis es el negativo de la perversión.

Sublimación

3) El tercer desenlace de una disposición constitucional anormal es posibilitado por el proceso de la «Sublimación». En ella, a las excitaciones hiperintensas que vienen de las diversas fuentes de la sexualidad se les procura dar salida y utilización en otros campos, de forma que el resultado de la disposición en sí peligrosa es un incremento no desdeñable de la capacidad de rendimiento psíquico. Aquí ha de discernirse una de las fuentes de la actividad artística; y según que esa sublimación haya sido completa o incompleta, el análisis del carácter de personas altamente dotadas, en particular las de disposición artística, revelará la mezcla en distintas proporciones de capacidad de rendimiento, perversión y neurosis. Una subvariedad de la sublimación es tal vez la sofocación por formación reactiva, que, según hemos descubierto, empieza ya en el período de tranquilidad del niño, y en los casos favorables sigue toda la vida. Lo que denominamos el «carácter» de un hombre está construido en buena parte con el material de las excitaciones sexuales, y se compone de pulsiones fijadas desde la infancia, de otras adquiridas por sublimación y de construcciones destinadas a obstaculizar unos impulsos perversos, reconocidos como inaplicables. Así, en la disposición sexual universalmente perversa de la infancia puede verse la fuente de una serie de nuestras virtudes, en la medida en que, por vía de la formación reactiva, da el impulso para crearlas.

Lo vivenciado accidentalmente

Comparadas con los desenfrenos sexuales, las oleadas represivas y las sublimaciones (procesos estos dos últimos cuyas condiciones internas desconocemos por completo), todas las otras influencias parecen mucho menos importantes. Quien incluya a las represiones y sublimaciones en la disposición constitucional y las considere manifestaciones vitales de esta, tendrá sin duda derecho de afirmar que la conformación definitiva de la vida sexual es sobre todo resultado de la constitución innata. Pero nadie con alguna perspicacia pondrá en tela de juicio que en esa cooperación de factores existe también para las influencias modificadoras de lo vivenciado accidentalmente en la infancia y después. No es fácil notar en su recíproca proporción la eficacia de los factores constitucionales y accidentales. En la teoría se tiende siempre a sobrevalorar los primeros; la práctica terapéutica destaca la importancia de los segundos. En ningún caso debería olvidarse que existe entre ambos una relación de cooperación y no de exclusión. El factor constitucional tiene que aguardar a que ciertas vivencias lo pongan en vigor; el accidental necesita apuntalarse en la constitución para volverse eficaz. En la mayoría de los casos es posible imaginar una «serie complementaria», según se la llama en la cual las intensidades decrecientes de un factor son compensadas por las crecientes del otro; pero no hay fundamento alguno para negar la existencia de casos extremos en el principio y final de la serie.

Lo que más se halla en concordancia con la investigación psicoanalítica es atribuir una posición preferente entre los factores accidentales a las vivencias de la primera infancia. La serie etiológica única se descompone, pues, en dos, que cabe llamar la predisposicional y la definitiva. En la primera, constitución y vivencias infantiles accidentales cooperan como lo realizan, en la segunda, la predisposición y las vivencias traumáticas subsiguientes. Todos los factores deteriorantes del desarrollo sexual exteriorizan su efecto del siguiente modo: provocan una regresión, un regreso a una fase anterior del desarrollo.

Ahora proseguiremos nuestra tarea, que es la de pasar revista a los factores cuya influencia sobre el desarrollo sexual hemos llegado a conocer, ya se erijan como poderes eficaces o simples exteriorizaciones de estos.

Precocidad

Un factor de esta clase es la espontánea precocidad sexual, comprobable con certeza al menos en la conducta de las neurosis, aunque, como los otros factores, no es por sí solo causa suficiente. Se revela en la interrupción, el acortamiento o la eliminación del período infantil de tranquilidad, y se convierte en causa de perturbaciones en la medida en que ocasiona exteriorizaciones sexuales que, a raíz del carácter incompleto de las inhibiciones sexuales, por una parte, y de la falta de desarrollo del sistema genital, por la otra, sólo pueden manifestarse como perversiones. Sin embargo, estas inclinaciones a la perversión pueden conservarse como tales, o convertirse en fuerzas pulsionales de síntomas neuróticos tras una represión; en todos los casos, la precocidad sexual traba la deseable conducción posterior de la pulsión sexual por parte de las instancias anímicas superiores, y acrecienta el carácter compulsivo que de suyo reclaman las subrogaciones psíquicas de la pulsión. La precocidad sexual suele marchar paralela a un desarrollo intelectual precoz; así, la encontramos en la historia infantil de los individuos más prominentes y productivos; en dichos casos no parece tener iguales efectos patógenos que cuando se manifiesta aislada.

Factores temporales

Deben tenerse en cuenta, igualmente, otros factores que, junto con la precocidad, pueden reunirse bajo la denominación de «temporales». La secuencia en que son activadas las diversas mociones pulsionales, y el lapso durante el cual pueden exteriorizarse hasta sufrir la influencia de otra moción pulsional que acaba de emerger o de una represión típica, parecen filogenéticamente establecidos. Pero tanto en esa secuencia temporal cuanto en los lapsos respectivos parece existir variaciones que, de manera ineludible, ejercen una influencia determinante sobre el resultado final. No es indistinto que una corriente determinada emerja antes o después que su corriente contraria, pues el efecto de una represión no puede deshacerse: un desfase temporal en la composición de los elementos produce, por regla general, una alteración del resultado. De otro lado, impulsos pulsionales que aparecen con particular intensidad tienen frecuentemente un trascurso asombrosamente breve (p. ej., el vínculo heterosexual de los que después serán homosexuales manifiestos). El hecho de que en la infancia ciertas aspiraciones se instalen con la mayor violencia no justifica el temor de que habrán de gobernar siempre el carácter del adulto; es igualmente lícito aguardar que desaparecerán para dejar sitio a sus contrarias. («Los tiranos reinan poco tiempo».)

Ni siquiera podemos señalar la fuente de esas complicaciones temporales de los procesos de desarrollo. Aquí el panorama se nos abre sobre una serie de problemas biológicos (y quizá también históricos) más profundos, con los que no podemos contender, pues ni siquiera nos hemos aproximado lo bastante a ellos.

Adhesividad

La significación de todas las exteriorizaciones sexuales prematuras crece por un factor psíquico de origen desconocido, al que por ahora tenemos que admitir como una pura provisionalidad psicológica. Se trata de la elevada adhesividad (Haftbarkeit) o fijabilidad (Fixierbarkeit) que tiene que suponerse por fuerza en los que después se vuelven neuróticos, así como en los perversos, para completar la constelación de los hechos, pues, en otras personas, idénticas exteriorizaciones sexuales prematuras no se imprimen tan permanentemente que provoquen su repetición compulsiva y prescriban para toda la vida los caminos de la pulsión sexual. Quizás esa adhesividad se aclare en parte si atendemos a otro factor psíquico que no podemos dejar de computar como causa de las neurosis, a saber: el mayor peso que posee en la vida anímica las huellas de la memoria en comparación con las impresiones recientes. Es evidente que este factor depende de la formación intelectual y crece a medida que aumenta la cultura personal. Por oposición a esto, el salvaje ha sido caracterizado como el «hijo desdichado del instante». Como consecuencia del vínculo de oposición existente entre la cultura y el libre desarrollo de la sexualidad, cuyas consecuencias pueden seguirse muy en lo más íntimo de la conformación de nuestra vida, la importancia que posee para la vida posterior la forma en que se ha desarrollado la sexualidad del niño es muy escasa en los estadios inferiores de cultura y de sociedad, y muy elevada en los superiores.

Fijación

Ahora bien, el terreno favorable creado por los factores psíquicos que acabamos de exponer es aprovechado por las incitaciones ocasionalmente vivenciadas de la sexualidad infantil. Estas (seducción por otros niños o por adultos, sobre todo) aportan el material que, con ayuda de aquellos factores, puede ser fijado como una perturbación permanente. Buena parte de las desviaciones respecto de la vida sexual normal que después se observan han sido establecidas desde un principio, así en neuróticos como en perversos, por las impresiones del período infantil, supuestamente exento de sexualidad. En la causación cooperan la solicitación (Entgegenkommen) de la constitución, la precocidad, la propiedad de la adhesividad elevada, y la incitación contingente de la pulsión sexual por una influencia extraña.

Sin embargo, estas indagaciones acerca de las perturbaciones de la vida sexual han conducido a un resultado insatisfactorio; ello se debe a que no sabemos lo bastante sobre de los procesos biológicos en que consiste la esencia de la sexualidad como para formar, a partir de nuestras intelecciones aisladas, una teoría que baste para abarcar tanto lo normal cuanto lo patológico.

Índice

Sigmund Freud: El hombre y su mundo

Nacimiento, infancia y adolescenci 7
Su afán de saber 9
Estudios en la universidad de Viena 10
Su estancia en París 13
Se define su verdadera vocación: la Psicología 19
Nuevo sentido de lo inconsciente 20
La ciencia del alma 22
La interpretación de los sueños a través de signos .. 26
La incógnita del ser humano 27
Por el camino de la Psicología 29
El Psicoanálisis y el hipnotismo 31
Panasexualismo 33
Complejo de Edipo 33
Narcisismo 35
Complejo de Electra 35
¿Qué quiere decir Psicoanálisis? 43
Rasgos físicos 43
Premisas freudianas 45
Una personalidad extraña 46
El hombre de los impulsos 49
Conclusión 50

Tres ensayos sobre la teoría sexual

1. Las aberraciones sexuales 55
La inversión 57
Trasgresiones anatómicas 72
Fijaciones de objetivos sexuales provisionales 78
Consideraciones generales sobre todas las perversiones .. 83
La pulsión sexual en los neuróticos 87

2. La sexualidad infantil 99
Las exteriorizaciones de la sexualidad infantil ... 106
La meta sexual de la sexualidad infantil 110
La investigación sexual infantil 122

3. La metamorfosis de la pubertad 139

Resumen 167

•FONTANA•

1. **LA DIVINA COMEDIA,** Dante
2. **EL ARTE DE LA GUERRA,** Sun Tzu
3. **LA ILÍADA,** Homero
4. **LA ODISEA,** Homero
5. **LA ENEIDA,** Virgilio
6. **EL RETRATO DE DORIAN GRAY,** Oscar Wilde
7. **LA METAMORFOSIS,** Franz Kafka
8. **FRANKENSTEIN,** Mary Shelley
9. **NECRONOMICÓN, LOS MEJORES RELATOS,** H. P. Lovecraft
10. **ALICIA EN EL PAÍS DE LAS MARAVILLAS,** L. Carroll
11. **A TRAVÉS DEL ESPEJO,** Lewis Carroll
12. **LA VUELTA AL MUNDO EN OCHENTA DÍAS,** J. Verne
13. **DRÁCULA,** Bram Stoker
14. **CUENTOS DE LA SELVA,** Horacio Quiroga
15. **EL FANTASMA DE LA ÓPERA,** Gaston Leroux
16. **LA BELLA Y LA BESTIA,** Velleneuve y Beaumont
17. **DE LA TIERRA A LA LUNA,** Julio Verne
18. **EL PROCESO,** Frank Kafka
19. **CUENTOS DE AMOR DE LOCURA Y DE MUERTE,** H. Quiroga
20. **ROMEO Y JULIETA,** William Shakespeare
21. **ASÍ HABLABA ZARATUSTRA,** Friedrich Nietzsche
22. **MANIFIESTO COMUNISTA,** K. Marx y F. Engels
23. **EL PRÍNCIPE,** Nicolás Maquiavelo
24. **EL KYBALIÓN,** Tres Iniciados
25. **MÁS ALLÁ DEL BIEN Y DEL MAL,** Friedrich Nietzsche
26. **EL ANTICRISTO,** Friedrich Nietzsche
27. **APOLOGÍA DE SÓCRATES,** Platón
28. **DIÁLOGOS,** Platón
29. **METAFÍSICA,** Aristóteles
30. **RETÓRICA,** Aristóteles
31. **ÉTICA A NICÓMACO,** Aristóteles
32. **ELOGIO DE LA LOCURA,** Erasmo de Rotterdam
33. **AURORA,** Friedrich Nietzsche
34. **AZUL...,** Rubén Darío
35. **SELECCIÓN POÉTICA,** Federico García Lorca
36. **SENTIDO Y SENSIBILIDAD,** Jane Austen
37. **EL FANTASMA DE CANTERVILLE Y OTROS RELATOS,** O. Wilde
38. **EL PRÍNCIPE FELIZ Y OTROS CUENTOS,** Oscar Wilde
39. **CORAZÓN: DIARIO DE UN NIÑO,** Edmondo de Amicis
40. **ALREDEDOR DE LA LUNA,** Julio Verne

41. **LA MURALLA CHINA,** Franz Kafka
42. **AMÉRICA,** Franz Kafka
43. **EL PERRO DE LOS BASKERVILLE,** Arthur Conan Doyle
44. **EL DOCTOR JEKYLL Y MISTER HYDE,** Robert Louis Stevenson
45. **YERMA · DOÑA ROSITA LA SOLTERA,** Federico García Lorca
46. **SELECCIÓN DE CUENTOS,** Hermanos Grimm
47. **SELECCIÓN DE CUENTOS,** Christian Andersen
48. **EL MARAVILLOSO MAGO DE OZ,** Lyman Frank Baum
49. **EL CREPÚSCULO DE LOS ÍDOLOS,** Friedrich Nietzsche
50. **LA REPÚBLICA,** Platón
51. **EL CUERVO Y OTROS POEMAS,** Edgar Allan Poe
52. **LA MÁSCARA DE LA MUERTE ROJA Y OTROS RELATOS,** E. A. Poe
53. **EL CONTRATO SOCIAL,** Rousseau
54. **TRES ENSAYOS SOBRE LA TEORÍA SEXUAL,** Sigmund Freud
55. **PRINCIPIOS ELEMENTALES DE LA FILOSOFÍA,** Georges Politzer
56. **POPOL VUH & CHILAM BALAM**
57. **CANCIÓN DE NAVIDAD,** Charles Dickens
58. **EL INVITADO DE DRÁCULA Y OTRAS HISTORIAS DE TERROR,** Bram Stoker
59. **SALOMÉ & UNA MUJER SIN IMPORTANCIA,** Oscar Wilde
60. **INVESTIGACIÓN SOBRE LA NATURALEZA Y CAUSAS DE LA RIQUEZA DE LAS NACIONES,** Adam Smith
61. **EL ESCARABAJO DE ORO Y OTROS RELATOS,** Edgar Allan Poe
62. **HOJAS DE HIERBA,** Walt Whitman
63. **TAO TE KING,** Lao Tse
64. **MARTÍN FIERRO,** José Hernández
65. **MARÍA,** Jorge Isaacs
66. **EL ARTE DE AMAR · EL REMEDIO DEL AMOR,** Ovidio
67. **EL PROFETA · EL JARDÍN DEL PROFETA,** Khalil Gibrán
68. **DESOBEDIENCIA CIVIL Y OTROS TEXTOS,** Henry David Thoreau
69. **EL VALLE DEL TERROR,** Arthur Conan Doyle
70. **LA TEOGONÍA,** Hesíodo
71. **LA CASA DE BERNARDA ALBA · LA ZAPATERA PRODIGIOSA,** Federico García Lorca
72. **LAS FLORES DEL MAL,** Charles Baudelaire
73. **EL TERROR EN LA LITERATURA,** H. P. Lovecraft
74. **EL MUNDO COMO YO LO VEO,** Albert Einstein
75. **LOS MITOS DE CTHULHU,** H. P. Lovecraft
76. **UTOPÍA,** Tomás Moro
77. **EL GATO NEGRO Y OTROS RELATOS,** Edgar Allan Poe
78. **EN LAS MONTAÑAS DE LA LOCURA,** H. P. Lovecraft
79. **CUMBRES BORRASCOSAS,** Emily Brontë